KB184350

도덕 사회 교사가 만든

도덕 사회 교사를 위한

생성형 AI 도덕 사회 수업 활용하기!

정윤혁·김자윤·지선영·임수정·강가희 공저

(주)광문각출판미디어
www.kwangmoonkag.co.kr

머리말

인공지능과 함께하는 새로운 도덕·사회 교육

우리는 지금 변화의 속도가 빠르게 느껴지는 시대에 살고 있다. 이런 변화 속에서 우리의 교육도 함께 진화해야 한다. 특히 도덕·사회 교육은 학생들이 올바른 가치관을 가지고 건강한 사회 구성원으로 성장할 수 있도록 돕는 중요한 역할을 한다. 그러나 기존의 교육 방법만으로는 급변하는 사회에서 학생들이 마주하게 될 복잡한 문제들을 충분히 대비하긴 어렵다.

여기에서 인공지능, 특히 챗GPT와 같은 생성형 인공지능 도구가 중요한 역할을 할 수 있다. 챗GPT는 단순히 정보를 제공하는 것을 넘어서 스스로 문제를 탐색하고 해결하며, 새로운 아이디어를 창출하는 것을 도와주는 대화형 인공지능이다. 이러한 능력과 특성을 바탕으로 챗GPT는 도덕·사회 교육에서 학생들이 창의적·비판적으로 사고하고, 다양한 관점을 바탕으로 문제 해결력을 기르며, 자신의 가치관과 사회적 문제의식을 계발하는 과정에서 훌륭한 조력자가 될 수 있다.

인성 교육·시민 교육과 챗GPT

도덕과와 사회과는 인성 교육과 시민 교육이라는 분리될 수 없는 두 교육을 담당하는 핵심 교과이다. 이러한 인성 교육과 시민 교육을 위해서도 챗GPT가 적극적으로 활용될 수 있다.

인성 교육은 학생들이 인간으로서의 기본적인 품성과 도덕적 역량, 사회적 책임감 등을 기르는 데 중점을 둔다. 즉 학생들이 올바른 가치와 행동을 배우고, 이를 실제 생활에서 실천할 수 있도록 돕는 과정이다. 이러한 인성 교육에 챗GPT가 도움이 될 수 있다. 예를 들어, 챗GPT는 학생들이 실제 생활에서 직면할 수 있는 윤리적 고민을 시뮬레이션하여 다양한 선택지를 탐색하도록 도울 수 있다. 이렇게 함으로써 학생들은 자신이 내리는 선택이 어떤 결과를 가져올지 예측하고, 도덕적이고 책임 있는 결정을 내리는 연습을 할 수 있게 된다.

또한, 챗GPT는 사회과 교육과정에서 강조하는 '시민의 자질'을 함양하는 데 기여할 수 있다. 즉 챗GPT는 사회 현상과 쟁점을 분석하는 데 유용한 도구로 활용됨으로써 비판적·창의적 사고력, 문제 해결력 및 의사 결정력을 키우는 과정을 도울 수 있다. 예를 들어, 학생들이 기후 변화의 원인과 같은 주제를 탐구할 때, 챗GPT는 관련 자료를 제시하고 학생들의 질문에 맞춰 다양한 관점에서 문제를 분석하는 비계를 제공할 수 있다. 챗GPT 사용의 주의점을 인식하며 적절하게 해석·활용하는 과정은 정보 활용 능력을 기르는 과정 그 자체이기도 하다. 한편으로, 챗GPT는 방대한 데이터를 바탕으로 자료를 신속하게 수집하고 해석할 수 있는 능력을 제공하여 다양한 수준의 학생들이 지리적, 역사적, 사회적 문제에 대한 종합적 이해를 높이고 민주적 의사 결정 과정에 능동적으로 참여하도록 돕는다.

미래의 도덕·사회 수업과 챗GPT의 역할

챗GPT를 활용한 도덕·사회 수업은 기존의 강의 중심 수업 방식에서 벗어나, 학생들이 주체적으로 참여하는 탐구 학습으로 전환될 수 있는 가능성을 열어 준다. 학생들은 챗GPT와의 대화를 통해 자신의 생각을 정리하고, 복잡한 문제에 대한 다양한 시각을 접하며, 그 과정에서 새로운 관점을 발견할 수 있다. 이러한 과정은 학생들이 창의적·비판적 사고력을 키우고, 실생활에서의 문제 해결력을 기르는 데 큰 도움이 된다.

챗GPT는 교사들에게 새로운 기회를 제공한다. 챗GPT를 통해 수업 준비 시간의 절약, 학생 개개인의 필요에 따른 맞춤형 지도, 그리고 창의적인 수업 설계가 가능해지면서, 교사들은 학생들의 성장을 더 깊이 이해하고 지원할 수 있게 된다. 곧 챗GPT를 통해 도덕·사회 교육은 더욱 풍부하고 진보적인 방향으로 나아갈 수 있다.

책의 목적과 구성

이 책은 챗GPT를 활용하여 도덕·사회 교육을 더욱 효과적이고 의미 있게 진행할 수 있는 방법을 제안하고자 한다. 챗GPT를 처음 사용하는 교사들도 쉽게 따라 할 수 있도록 기초적인 사용법부터, 실제 수업에 적용할 수 있는 다양한 사례와 아이디어를 담았다. 예를 들어, "동화책 만들기", "감정 수업", "윤리적 딜레마 해결" 등 구체적인 수업 시나리오를 통해 챗GPT를 활용한 수업을 쉽게 시작할 수 있도록 도와줄 것이다.

또한, 교사들에게 부담이 되는 여러 일상적 업무를, 챗GPT를 사용하여 효율적으로 처리하는 방안들을 소개한다. 한편으로는 미래의 도덕·사회 교육이 어떻게 변화할지, 그리고 이러한 변화 속에서 교사와 학생이 어떤 역할을 해야 할지에 대한 생각도 함께 나누고자 한다.

이 책이 도덕·사회 교육, 그리고 인성 교육에서 새로운 가능성을 모색하는 모든 선생님께 따뜻한 도움이 되기를 바란다. 또한, 학생들이 올바른 가치관을 형성하고, 더 나은 사회를 만들어 나갈 수 있도록 돕는 데에 이 책이 작은 힘이 될 수 있기를 기대한다.

저자 일동

목차

1부 챗GPT 알아보기

2부 챗GPT 수업에 200% 활용하기

3부 챗GPT 교사 업무 자동화

1

챗GPT 알아보기

1장.
AI 인공지능과
현대교육

2장.
챗GPT란?

AI 인공지능과 현대교육

1) AI 인공지능이란?

인공지능(AI, Artificial Intelligence)은 컴퓨터나 기계가 인간의 지능을 모방하여 학습하고 판단하며 문제를 해결하는 기술이다. 쉽게 말해, 사람이 생각하고 행동하는 방식을 컴퓨터가 따라 하는 것이다. 인공지능은 이미 우리 일상생활 곳곳에 스며들어 있으며, 특히 교육 분야에서도 그 영향력이 커지고 있다.

[일상 속의 인공지능 예시]

- 스마트폰의 음성 비서: "내일 날씨 알려 줘."라고 말하면 기온과 날씨 정보를 제공한다.
- 온라인 추천 시스템: 인터넷 쇼핑몰이나 동영상 플랫폼에서 사용자의 취향에 맞는 상품이나 영상을 추천한다.
- 인공지능 번역 서비스: 외국어 문장을 우리말로 번역해 주거나, 그 반대로도 번역한다.

[인공지능의 구분]

인공지능은 흔히 그 발전 수준에 따라 다음과 같이 구분한다. 사람에 따라 조금씩 다르게 구분하기는 하지만, 이 범주에서 크게 벗어나지는 않는다.

- 약한 인공지능(Weak AI, Narrow AI): 특정 작업이나 한 가지 문제 해결에 특화된 인공지능을 말한다. 현재 널리 사용되며, 각자 특화된 분야에서 작동하도록 설계되었다.
- 강한 인공지능(Strong AI): 인간과 유사한 지능을 가지고 (인간처럼) 다양한 작업을 수행할 수 있는 인공지능을 말한다. 아직 실현되지는 않았으나 가까운 시일 내에 구현될 것으로 예상된다.
  - 인공 일반 지능(AGI, Artificial General Intelligence)이라 부르기도 한다.
  - 챗GPT는 특정한 작업(언어 이해와 생성)에 능숙하지만, 인간과 같은 범용 지능이나 의식을 가진 인공지능은 아니므로 엄밀한 의미에서 강한 인공지능이 아니다. 따라서 챗GPT는 약한 인공지능으로 분류한다.
- 초인공지능(Super intelligence): 인간의 지능을 뛰어넘는 수준의 인공지능으로, 모든 분야에서 인간보다 우수한 능력을 가진다. 현재는 그 실현과 인간 사회에 끼칠 영향이 상상의 영역이다.

[그럼, '생성형 인공지능'이란?]

명령문[흔히 '프롬프트(prompt)'라고 부른다]에 따라 문장, 이미지 등 무언가 콘텐츠를 스스로 생성해 내는 인공지능을 통칭하는 표현이다. 위의 인공지능 구분과는 별개로 인공지능을 분류하는 개념이다.[1)]

1) 현재 생성형 인공지능은 약한 인공지능으로 구현되어 있으므로 생성형 인공지능을 약한 인공지능의 일종으로 여기기도 한다.

2) AI 인공지능이 교육 현장에 미치는 영향

[긍정적인 영향]

① 맞춤형 학습 지원

- 개인별 학습 속도 조절: 학생마다 학습 속도와 이해도가 다르기 때문에 인공지능은 이를 분석하여 각자에게 최적화된 학습 자료를 제공한다.
- 부족한 부분 보완: 학생의 취약한 부분을 스스로 파악하여 추가 학습이나 보충 자료를 제공할 수 있다.

② 교사의 업무 효율 향상

- 수업 자료 생성: 수업 계획서나 학습 활동 아이디어를 빠르게 생성하여 준비 시간을 단축할 수 있다.
- 형식적이고 반복적인 업무 개선: 형식적인 보고서와 안내 문구 등을 인공지능으로 생성하고 명단 정리와 같은 단순 작업을 인공지능에게 부탁할 수 있다.
- 자동 채점 및 평가: 객관식뿐만 아니라 주관식 답변까지도 인공지능이 채점할 수 있다.

③ 다양한 교육 자료 생성

- 멀티미디어 콘텐츠 활용: 인공지능을 통해 다양한 시각 자료나 동영상을 쉽게 제작하고 활용할 수 있다.
- 언어 장벽 감소: 자동 번역 기능을 통해 외국의 우수한 교육 자료를 활용할 수 있다.

[부정적인 영향]

① 학습 윤리 문제와 학습 능력 저하

학생들이 인공지능을 이용해 과제를 부정하게 해결하여 학습 윤리가 저해되고, 자기 주도 학습 능력이 감소할 수 있다.

② 인공지능 의존으로 인한 창의성 저하와 편견

인공지능에 과도하게 의존하면 창의적 사고와 문제 해결 능력이 저하되고, 알고리즘의 편향성으로 인해 편견이 생길 수 있다.

③ 인간적 상호 작용 감소와 교사 역할 변화 부담

인공지능 사용 증가로 교사와 학생 간 소통이 줄어들어 정서적 지원이 약화되고, 교사들은 새로운 기술에 적응해야 하는 부담을 느낄 수 있다.

④ 학생들이 범죄에 노출될 가능성

학생들이 인공지능을 부적절하게 사용하여 허위 사실 창작, 이미지 합성, 표절 등 범죄 행위에 악용할 수 있기에 사회적 문제가 발생할 수 있다.

[교사로서의 대응 방안]

① 인공지능에 대한 이해와 학습

인공지능의 기본 개념과 작동 방식, 활용 방법을 이해하면 그것의 이점을 제대로 활용할 수 있고 학생들의 오남용을 막을 수 있다.

② 인공지능과의 조화로운 수업 설계

인공지능을 주도적인 역할이 아닌 보조적인 도구로 활용하여 수업의 질을 높이고 학생들의 능동적 참여를 유도할 수 있다.

③ 윤리적 가치 교육 강화

학생들이 인공지능을 비윤리적인 방식으로 사용하지 않도록 교육하고, 인공지능을 통해 얻은 정보에 대해 비판적으로 평가할 수 있도록 안내한다. 또한, 기술을 활용할 때 인간만이 가질 수 있는 감정, 창의성, 도덕성을 함께 고려하도록 지도한다.

3) 학교를 위협하는 AI 인공지능 – 딥페이크 사건

[딥페이크란?]

딥페이크는 '딥러닝(Deep Learning)'[2]과 '페이크(Fake)'의 합성어로, 인공지능(AI) 기술을 활용해 사람의 얼굴, 목소리, 행동 등을 실제처럼 보이게 조작한 영상이나 이미지를 뜻한다. 딥러닝 알고리즘이 대량의 데이터를 학습해 특정 인물의 표정, 말투, 움직임 등을 정교하게 모방하기 때문에 단순한 이미지 편집보다 훨씬 더 복잡해 가짜임을 구분하기 어렵다.

딥페이크를 체험해 볼 수 있는 CNN BUSINESS 사이트이다.
딥페이크로 만든 영상과 진짜 영상을 구분해 보는 퀴즈와 딥페이크가 만들어지는 과정 등이 자세히 담겨 있다.

QR check!

CNN 사이트

2) **딥러닝**은 머신러닝(기계학습)의 한 종류로, 사람의 뇌 구조를 모방해 컴퓨터가 스스로 학습하는 기술을 말한다.
***머신러닝**은 분류, 예측, 자율주행 등 특정 기능을 수행하기 위해 컴퓨터가 스스로 학습하는 과정을 뜻한다. 개발자가 학습 방식을 설계하고 학습 자료를 제공해야 하며, 학습 방식과 자료 유형에 따라 다양한 종류의 머신러닝(예: 딥러닝)이 있다.

[딥페이크 활용 사례]

① MBC 스페셜 다큐멘터리 〈너를 만났다〉

〈너를 만났다〉는 고인이 된 가족을 딥페이크, 3D 영상, 가상현실(VR) 기술로 구현해 사랑하는 이와의 재회를 도운 다큐멘터리 프로그램이다. 방영 당시 큰 화제를 모았으며, 기술이 사람의 마음을 움직일 수 있음을 보여 준 사례이다.

② 넷플릭스 드라마 〈살인자ㅇ난감〉

〈살인자ㅇ난감〉에서 손석구 배우의 어린 시절을 연기한 아역 배우가 실제 손석구 배우와 매우 닮아 화제가 되었다. 이는 딥페이크 기술을 활용해 아역 배우의 얼굴에 손석구 배우의 어린 시절 사진을 합성한 것이다.

[딥페이크 악용 사례]

① 바이든 대통령의 가짜 음성 메시지

미국에서 바이든 대통령이 유권자들에게 투표를 포기하라고 독려하는 가짜 음성 메시지가 퍼지는 사건이 발생했다. 이는 한 정치 컨설턴트가 딥페이크 기술을 활용해 바이든 대통령의 목소리를 조작한 것으로 밝혀졌다.

② 유명인 사칭 사기

최근 개그맨 황현희 씨를 사칭한 딥페이크 주식 투자 사기가 논란이 되었다. 이 사기 광고는 황현희 씨의 얼굴과 목소리를 AI 딥페이크 기술로 합성해 주식 투자를 권유하는 방식으로 제작되었다.

딥페이크는 개인의 사생활 침해, 명예 훼손, 사회적 신뢰 파괴 등으로 악용될 수 있으며, 요즘은 유명인뿐만 아니라 일반인들도 딥페이크의 피해자가 되고 있다. 사이버 괴롭힘, 가짜 영상 유포, 여론 조작 등 다양한 형태의 악용이 피해자에게 큰 정신적 고통을 주기 때문에 경각심이 필요하다.

[학교를 뒤흔든 딥페이크 사건 with Search GPT[3)]]

인공지능(AI)의 발전은 교육 환경을 혁신하고 있지만, 딥페이크 기술의 악영향이 교육 현장까지 번지며 커다란 사회적 문제가 되고 있다. 최근 대한민국 학교에서 발생한 딥페이크 사건은 그 심각성을 바로 보여 준다.

교사 질문:
"최근 대한민국 학교에서 발생한 딥페이크 사건을 알려줘."

ChatGPT의 답변:

최근 대한민국 학교에서 딥페이크를 이용한 성범죄가 발생해 큰 논란을 일으키고 있습니다. 10대 학생들이 동급생과 교사의 사진을 음란물에 합성해 유포하거나 이를 의뢰하는 사례가 늘어나면서 학내 피해가 확산되고 있습니다. 대구 지역에서는 학생이 교사와 학생들의 사진을 딥페이크 콘텐츠로 만들기 위해 텔레그램에 올린 사건이 발생했고, 이로 인해 학교 내 불안이 크게 증가했습니다 KBS NEWS .

2024년 들어 교육부와 교원단체들은 전국적으로 약 900건 이상의 딥페이크 피해 신고를 접수했으며, 피해자의 약 95%가 학생인 것으로 나타났습니다. 고등학교에서 가장 많은 사례가 보고되었으며, 중학교와 초등학교에서도 피해가 확인되었습니다. 교육부는 가해자에게 최대 퇴학 처분을 포함한 강력한 징계 방안을 검토 중이며, 딥페이크 성범죄에 대한 예방 교육을 강화하고 대응 전담 조직을 설립했습니다 이데일리 아시아투데이 .

이와 함께 교원단체들은 피해 학생과 교사를 위한 심리상담, 영상 삭제 지원, 청소년의 딥페이크 기술 접근 제한 등을 요구하고 있습니다. 딥페이크 기술이 학생들 사이에서 범죄로 악용되는 현실을 반영하여 법적 규제를 포함한 다각적인 대처가 시급히 필요하다는 지적이 나오고 있습니다.

3) OpenAI의 새로운 인터넷 검색 기능인 Search GPT를 통해 챗GPT에서도 실시간 인터넷 검색이 가능해졌다. 이를 통해 뉴스, 현재 이슈, 통계 자료, 최신 연구 결과 등 실시간 업데이트가 필요한 정보를 요청할 수 있으며, 검색된 정보는 출처와 함께 제공된다. 별도의 설정 없이 챗GPT에 질문을 입력하기만 하면 Search GPT가 자동으로 활성화되어 원하는 정보를 빠르고 간편하게 얻을 수 있다.

[딥페이크 사건으로 인한 피해 상황]

① 피해자의 심리적 고통

- 자신의 딥페이크 영상이 불특정 다수에게 퍼져 있다는 사실은 피해자에게 정신적 공포를 유발한다.
- 지속적인 불안감에 시달리며 일상생활에서 심리적 안정이 크게 흔들린다.

② 학교 내 신뢰 저하와 관계 약화

- 친구나 교사와의 신뢰가 무너져 학내 갈등이 발생한다.
- 학생 간의 관계가 약화되어 교우 관계 및 공동체 의식에 악영향을 끼친다.

③ 교육 환경의 안정성 위협

- 학교라는 교육 공간의 본질이 흔들리며 교육 공동체 전체에 부정적인 영향을 미친다.
- 출처와 진위가 불명확한 '딥페이크 피해 학교 지도'[4]가 만들어지며 혼란이 가속된다.

[딥페이크 사건 대응]

① '딥페이크 방지법' 국회 본회의 통과

이 법안은 불법 딥페이크 영상물을 소지, 시청만으로도 처벌할 수 있다는 내용을 담고 있다. 2024년 9월 본회의 통과 이후 국무회의에서 최종 의결되었다.

② 학교 공동체 회복을 위한 교육 강조

제2의 딥페이크 사건이 발생하지 않도록 도덕성과 사회적 책임을 강조하는 교육의 필요성이 대두되었다.

---

4) 딥페이크 범죄가 발생한 것으로 추정되는 학교의 위치를 지도에 표시해 많은 이에게 딥페이크 사건이 우리 주변의 일이라는 걸 알게 해 주었다. 그러나 표시된 학교의 좌표는 온라인 제보를 바탕으로 작성된 것으로, 사실 관계 검증이 제대로 이루어지지 않아 정확성이 떨어진다는 문제도 야기되었다.

4) 미래 교육의 방향성 – AI와 함께하는 학습

[에듀테크(EduTech)]

에듀테크(EduTech)는 교육(Education)과 기술(Technology)의 합성어로, 디지털 기술을 활용해 교육을 개선하는 방법을 의미한다. 생성형 AI로 학습자에게 맞춤형 튜터를 제공하고, 가상현실(VR) 및 증강현실(AR)을 통해 몰입형 학습 경험을 제공하며, 게임 요소를 교육에 접목해 학습 동기와 참여도를 높일 수 있다.

[미디어 리터러시 교육]

정보의 홍수 속에서 학생들은 디지털 정보를 올바르게 이해하고 진실과 거짓을 구분할 수 있는 능력을 함양해야 한다. AI 기술이 제공하는 데이터와 자료들을 비판적으로 사고할 수 있는 역량을 기르는 것은 디지털 시대에 필수적인 교육 목표이다.

[인문학적 소양과 인성 교육]

기술은 정보를 제공하고 문제 해결에 도움을 주지만 공감, 도덕적 판단, 가치와 같은 인간 고유의 능력은 AI가 대체할 수 없는 영역이다. 인간적인 정서와 윤리적 판단이 결여된 기술은 한계를 가질 수밖에 없다. 학생들은 단순히 정보나 지식을 습득하는데 그치지 않고, 도덕적 책임감과 사회적 가치를 배우며 성장해야 한다.

[책임 있는 시민 양성을 위한 교육]

학생들은 사회적 문제에 관심을 가지고 다양한 정보를 활용해 현대 사회의 문제를 창의적이고 합리적으로 해결하는 능력과 태도를 갖추어야 한다. AI가 제공하는 효율성과 맞춤형 학습의 장점을 최대한 활용하면서, 이를 바탕으로 사회적 리더로 성장하여 공동체에 적극적으로 이바지할 수 있는 역량을 기르는 것이 미래 교육의 핵심이다.

2장 챗GPT란?

1) 챗GPT란?

챗GPT는 OpenAI사에서 개발한 대화형 인공지능이다. 사람의 질문이나 요청에 따라 문장과 내용을 만들어 내는 인공지능으로, 마치 사람과 대화하듯 자연스럽게 소통할 수 있다.

- 생성형 인공지능: 챗GPT는 입력된 내용에 기반하여 적절한 답변을 생성한다. 기존의 정보를 단순히 검색해 보여 주는 것이 아니라, 학습한 지식을 바탕으로 새로운 문장을 만들어 낸다.
- 방대한 지식 학습: 책, 기사, 웹사이트 등 다양한 텍스트 데이터를 학습하여 여러 분야에 대한 폭넓은 지식을 보유하고 있다.
- 자연스러운 대화 능력: 문맥을 이해하고 적절한 어휘와 표현을 사용하여 답변하므로 마치 사람과 대화하는 것처럼 느껴진다.

2) 챗GPT 사용법

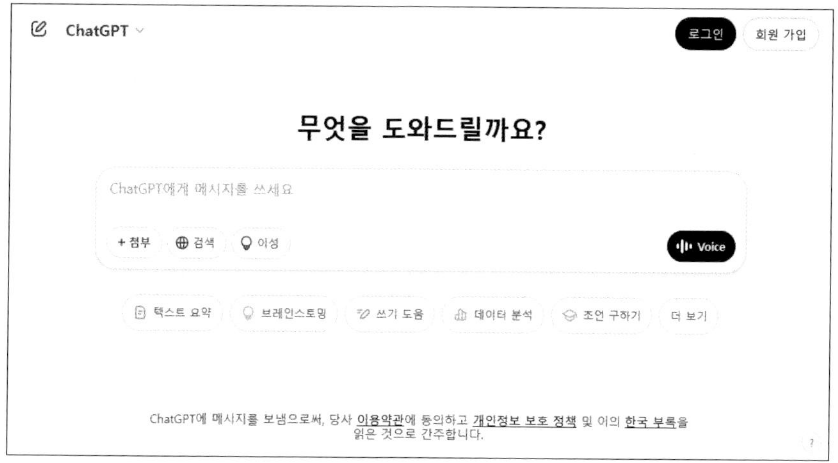

① 웹사이트 접속

- OpenAI의 공식 웹사이트(https://chatgpt.com/)나 챗GPT를 제공하는 플랫폼에 접속한다.
  - 뤼튼(https://wrtn.ai/), Poe(https://poe.com/) 등의 사이트는 챗GPT 유료 버전을 무료로 쓸 수 있게 해 준다.
  - 구글의 대화형 인공지능인 제미나이(https://gemini.google.com/)도 대안이 될 수 있다.

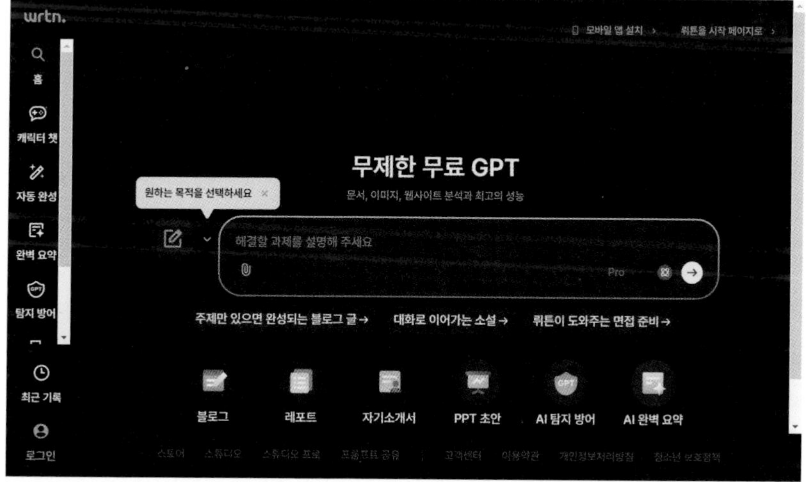

뤼튼 사이트 모습. 챗GPT를 비롯한 여러 생성형 인공지능을 한데 모아 둔 뤼튼도 많은 교사가 사용하고 있다.

② 회원 가입 및 로그인

- 로그인 없이도 쓸 수 있으나, 쓸 수 있는 모델이 제한되고 질문 기록을 남길 수 없으므로 회원 가입 및 로그인이 필요하다.
  - 회원 가입 시 이메일과 12자리 이상의 비밀번호가 필요하고, 이메일 인증을 해야 한다.
  - 이름과 생일을 입력하고 약관에 동의하면 가입이 완료된다.

[이용 약관 중 사용 가능 연령에 대한 내용]
최저 연령: 본 서비스 이용에 동의할 수 있는 최저 연령은 13세 이상 또는 귀하의 국가에서 정한 연령 이상으로 합니다. 18세 미만인 경우, 본 서비스 이용에 관하여 부모 또는 법정대리인의 허가를 받아야 합니다.

★ 학생들과 함께 챗GPT를 이용하고 싶을 때, 부모님의 동의를 받고자 한다면 부록으로 '첨부한 가정통신문'을 활용하자.

★ 현재 중학생만 되더라도 학생들 대부분이 챗GPT 활용 경험이 있다. 따라서 이미 부모님의 허가를 받았을 가능성을 고려한다.

- 구글, 마이크로소프트, 애플 계정이 이미 있다면 해당 계정으로 로그인할 수 있다.

③ 대화 시작하기

- 질문 입력: 텍스트 입력창에 궁금한 내용이나 요청 사항[챗GPT에 하는 질문이나 요청을 '프롬프트(prompt)'라고 한다]을 입력한다. (예시: "중학교 사회 수업에서 사용할 수 있는 협동 활동 아이디어를 알려 줘.")
- 답변 확인 및 추가 질문: 필요한 경우 추가로 질문하거나 세부 내용을 요청한다. (예시: "해당 활동의 준비물과 진행 방법을 자세히 알려 줘.")

※ 주의 사항

1. 개인정보 보호: 개인정보나 민감한 정보를 입력하지 않도록 주의한다.
2. 정보 검증: 인공지능이 제공하는 정보는 사실이 아닐 수 있다. 따라서 참고용으로만 사용하며, 중요하거나 민감한 내용은 추가로 검증한다.

★ 챗GPT는 최신 정보를 갖고 있지 않다. 챗GPT에 "너는 언제까지의 최신 정보를 갖고 있어?"라고 물어보자. 과거의 특정 시기를 말해 줄 것이다.

(하지만 인터넷 검색 능력을 갖추었으므로, 최근 정보를 알고 싶다면 "인터넷을 검색해서 찾아줘."와 같은 말을 추가하면 된다.)

④ 추가 도구 사용

챗GPT는 프롬프트 예시 버튼을 제공하고 있다. 각 버튼을 클릭하면 프롬프트 예시가 제시되고, 다시 해당 예시를 클릭하면 프롬프트가 자동 입력된다.

프롬프트 예시 버튼 중 "브레인스토밍" 버튼을 클릭했을 때의 화면.

챗GPT에 로그인하면 대화창 왼쪽 아래에 여러 아이콘이 보이게 된다.

(※ 인공지능 모델과 무료/유료 버전에 따라서 아이콘이 다르게 뜰 수 있음.)

+ "파일 업로드 및 기타" 버튼: 파일을 첨부하거나 인터넷 저장소를 연결하여 챗GPT가 참고하게 할 수 있다.

검색 "웹에서 검색" 버튼: 클릭한 후 프롬프트를 입력하면, 별도의 지시("인터넷을 검색해서 찾아 줘." 등) 없이도 인터넷을 검색하여 답을 준다.

... "도구 보기" 버튼: 그림, 캔버스 등 부가 기능을 사용할 수 있다. (아래 참조)

이성 "응답 전에 생각하기" 버튼: 클릭한 후 프롬프트를 입력하면, 일정 시간 동안 논리적 추론 과정을 거친 후 답변한다.

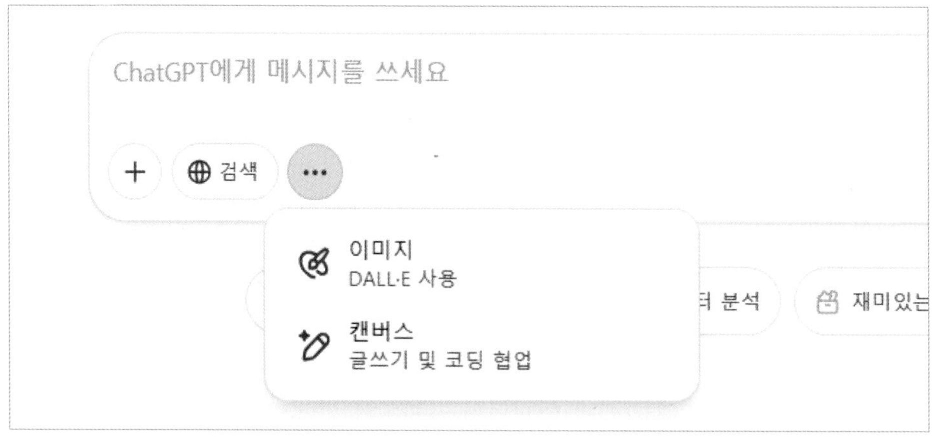

... **"도구 보기"** 버튼을 클릭했을 때, 추가적인 도구들을 확인할 수 있다.

"**이미지**" 버튼: 클릭한 후 프롬프트를 입력하면, 별도의 지시("그림을 그려 줘." 등) 없이 프롬프트에 해당하는 이미지를 생성한다.

"**캔버스**" 버튼: 클릭한 후 프롬프트를 입력하면, 별도의 창(캔버스)에 답변을 제공해 준다.

* 캔버스는 문서 작성, 코드 작성에 최적화된 환경을 제공하기 위해 추가 개발된 기능(편집 도구)이다.

"**음성 모드 사용**" 버튼을 클릭하면 목소리로 프롬프트를 입력할 수 있다.

(처음 사용할 때는 사이트 권한 허용 창이 뜨게 되는데, 허용을 클릭해 주어야 한다.)

[캔버스 소개]

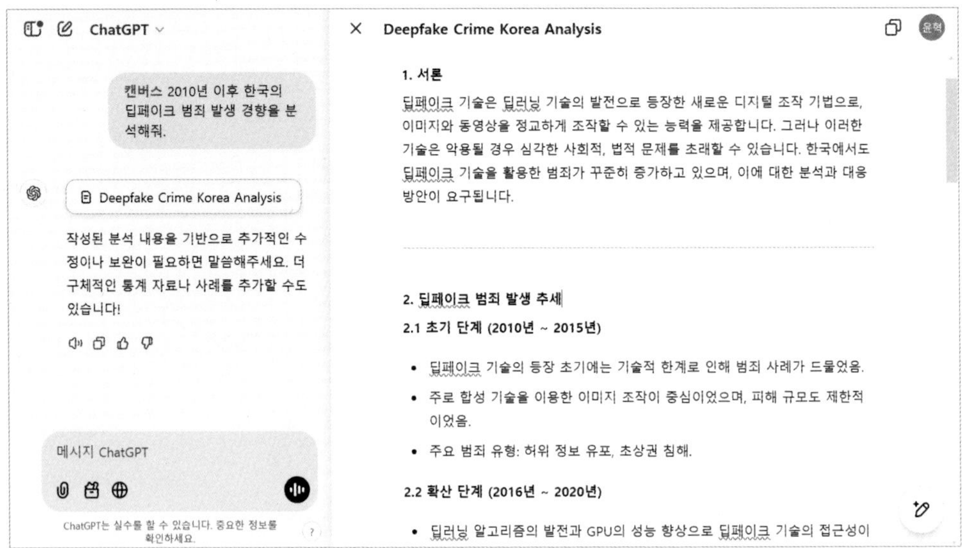

"캔버스" 버튼을 누르고 프롬프트를 입력하면, 위의 그림과 같이 별도의 창을 띄우며 답변을 해 준다. 이러한 캔버스 화면에서는 내용 편집이 가능하다.

[캔버스 편집 기능 1]

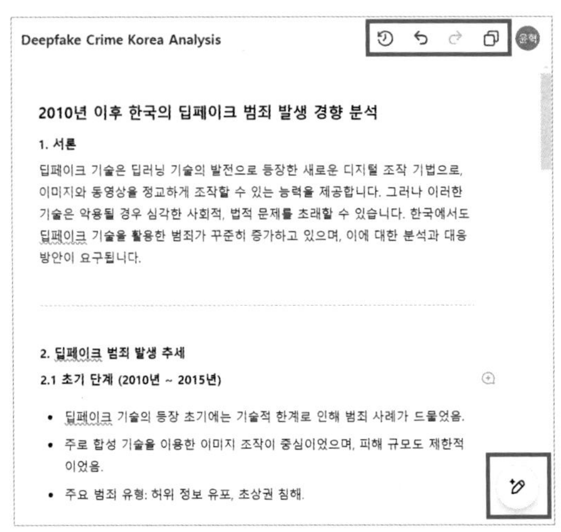

기본적으로 캔버스는 편집 도구이므로 다양한 편집 기능을 제공한다.

상단의 아이콘들은 내용 편집을 하게 되면 표시된다.

- **"변경 사항 표시"** 버튼: 내용이 어떻게 변경됐는지 표시해 준다.
- **"이전 버전"** 버튼: 편집 전 상태로 되돌린다.
- **"다음 버전"** 버튼: 편집 후 상태로 다시 돌아간다.
- **"복사"** 버튼: 생성된 내용을 복사해 준다(원하는 곳에 붙여넣기를 하면 된다).

[캔버스 편집 기능 2]

오른쪽 아래에 있는 **"편집 제안"** 버튼을 클릭하면, 다양한 AI 편집 기능(AI가 자동 편집)이 표시된다.

- **"이모지 추가"** 버튼: 클릭 시 뜨는 "단어", "섹션", "목록"의 선택지 중 하나를 선택하면, 선택된 단위에 맞추어 이모티콘을 자동으로 붙여 준다.
- **"마지막으로 다듬기"** 버튼: 전체 문장을 자동으로 검토하고 다듬어 준다(문법 교정, 구조 재구성, 제목 추가 등).
- **"독해 수준"** 버튼: 클릭 시 뜨는 세로형 슬라이드 위에서 마우스를 드래그하면 "대학원생" ~ "유치원생" 중 원하는 독자를 선택할 수 있다. 독자를 선택하면 그에 맞춰 문장 수준, 표현을 수정해 준다.
- **"길이 조절"** 버튼: 클릭 시 뜨는 세로형 슬라이드 위에서 마우스를 드래그하면 "가장 길게" ~ "가장 짧게" 중 조절 수준을 선택할 수 있다. 조절 수준을 선택하면 그에 맞춰 글의 길이를 늘여 주거나 줄여 준다.

3) 챗GPT 사용팁

챗GPT에게 하는 물음을 '프롬프트(prompt)'라고 한다. 전문적인 프롬프트 작성법이 존재하지만, 챗GPT의 빠른 발전으로 인해 이제는 전문적인 기법을 사용하지 않아도 명확히 질문하기만 하면 잘 대답해 준다. 또한, 과거에는 영어로 질문해야 더 잘 대답해 주기도 했지만, 지금은 한글로 질문해도 원활히 대답해 준다.

① 구체적이고 명확한 질문하기

구체적으로 질문하고, 요구 사항을 명확히 하면 정확한 답변을 얻을 수 있다.

(예시: "고등학교 윤리 수업에서 1시간 동안 토론할 수 있는 주제 3가지 추천해 줘.")

② 단계별로 요청하기

복잡한 내용은 단계별로 나누어 질문하면 도움이 된다.

(예시: "환경 오염의 주요 원인에 대해 설명해 줘." → "이를 해결하기 위한 교육적 접근 방법을 제안해 줘."

③ 답변에 추가 요청하기

첫 번째 답변이 만족스럽지 않다면 추가 요청을 한다.

(예시: "더 구체적으로 답해 줘.", "반말로 작성해 줘.", "두 개 더 제안해 줘.")

④ 예시 제공하기

답변으로 원하는 것이 글이든, 정리된 표이든, 답변으로 원하는 예시를 제공하면 챗GPT는 질문을 더 잘 이해할뿐더러 답변을 예시의 형태에 맞춰 준다.

⑤ 답변을 스스로 검토하게 하기

답변의 오류를 스스로 찾게 하면, 체계적인 분석 및 검토를 해 주기에 답변 검토 시간을 줄일 수 있다.

(예시: "네가 해 준 번역이 원문의 의미를 잘 살려 번역한 것인지 한 문장씩 검토해 줘.")

★ [기타 팁]

- 역할 부여하기

(예시: "헤밍웨이가 되어서 헤밍웨이의 입장에서 말해 줘.", "9세 학생을 가르치는 초등학교 선생님의 입장에서 답변해 줘.")

- 학생들의 연령이나 수준에 맞게 설명해 달라고 요청하기.

(예시: "초등학생이 이해할 수 있는 단어와 표현으로 설명해 줘.")

- 요약해 달라고 요청하기

(예시: "이 글의 핵심 내용을 3문장으로 요약해 줘.", "네 답변을 한 줄로 요약해 줘.")

- 브레인스토밍에 사용하기

(예시: "사회 문제를 주제로 한 프로젝트 수업 아이디어를 10개 제안해 줘.")

- 특수 기호 사용하기

이제 챗GPT는 굳이 특수 기호를 이용하지 않아도 문맥을 파악해 대답한다. 그래도 따옴표(""), 괄호( ), 또는 대괄호[ ] 등을 사용하여 특정 부분을 강조/구분한다면 더 명확한 질문을 만들 수 있고, 챗GPT가 질문을 잘못 이해하는 것을 방지하는 데 도움이 된다.

★ 질문의 형식에 너무 집착하지 않아도 된다. 답변이 마음에 안 들면 질문을 조금씩 바꾸거나 원하는 답변이 아님을 말해 주자.

4) 같이 활용하면 좋은 생성형 인공지능

① 프레젠테이션

✨ **캔바**(https://www.canva.com) / **미리캔버스**(https://www.miricanvas.com)

- 사용이 간편한 디자인 도구로, 프레젠테이션, 포스터, 안내판 등을 제작할 수 있다.
- 캔바는 교사에게는 교육용 버전(유료 기능 사용 가능)[5]이 무료로 제공되는 점이, 미리캔버스는 한국 감성에 맞는 예쁜 템플릿과 디자인 요소들이 강점이다.

➡ 활용 방법: 챗GPT에서 만든 그림이나 글을 프레젠테이션 구성에 사용한다(또는 학생이 그렇게 할 수 있도록 알려 준다).

5) "선생님 인증받기" 메뉴를 통해 한글로 된 재직증명서를 업로드하면 1~2일 내로 인증된다.

② 온라인 게시판

✨ **패들렛** (https://padlet.com)

- 온라인 게시판, 화이트보드 등을 제공하는 온라인 협업 플랫폼으로, 아이디어, 이미지, 동영상 등을 손쉽게 공유할 수 있다.
- 현재도 많은 학교에서 수업 자료 공유, 학생 의견(소감) 게시, 개인·조별 작업물 게시, 포트폴리오 등의 용도로 사용되고 있다.

➡ 활용 방법[수업 및 평가]: 반별로 게시판을 만든 뒤, 챗GPT에서 만든 학습 주제와 내용에 대해 학생들의 의견, 논술·서술문을 올리게 할 수 있다. 챗GPT에서 만든 이미지를 업로드하게 한다. 학생들이 게시한 과제에 대해 챗GPT로 피드백 초안을 만들어, 댓글로 피드백을 줄 수 있다.

③ 음성 도구

✨ **네이버 클로바노트** (https://clovanote.naver.com)

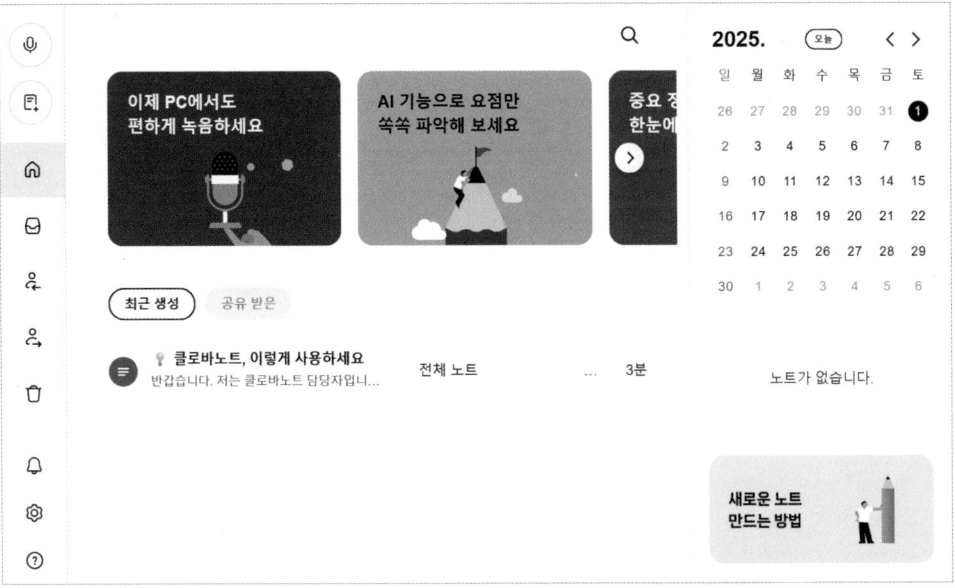

- 목소리를 녹음하고 텍스트로 변환해 주는 사이트(핸드폰 애플리케이션도 존재).
- 음성 녹음, 음성 텍스트 변환, 메모, 목소리 분류(화자 분류), AI 요약 등 다양한 기능을 제공하며 회의 및 강의 기록과 요약에 자주 쓰이고 있다.

➡ 활용 방법[수업 및 평가]: 학생들이 조별 토의 내용(또는 수업 내용)을 녹음한 뒤 텍스트로 변환하여, 챗GPT와 함께 퀴즈 만들어 보기 활동을 한다. 학생들이 자신의 토론 발언을 녹음한 뒤 텍스트로 변환하여, 챗GPT에 분석 및 교정(어법, 논리성 등)을 요청한다. 학생들의 발표나 토론 내용을 녹음한 뒤 텍스트로 변환하여 챗GPT에 피드백 초안을 요청한다.

④ 콘텐츠 제작 도구

✨ **수노** (https://suno.com)

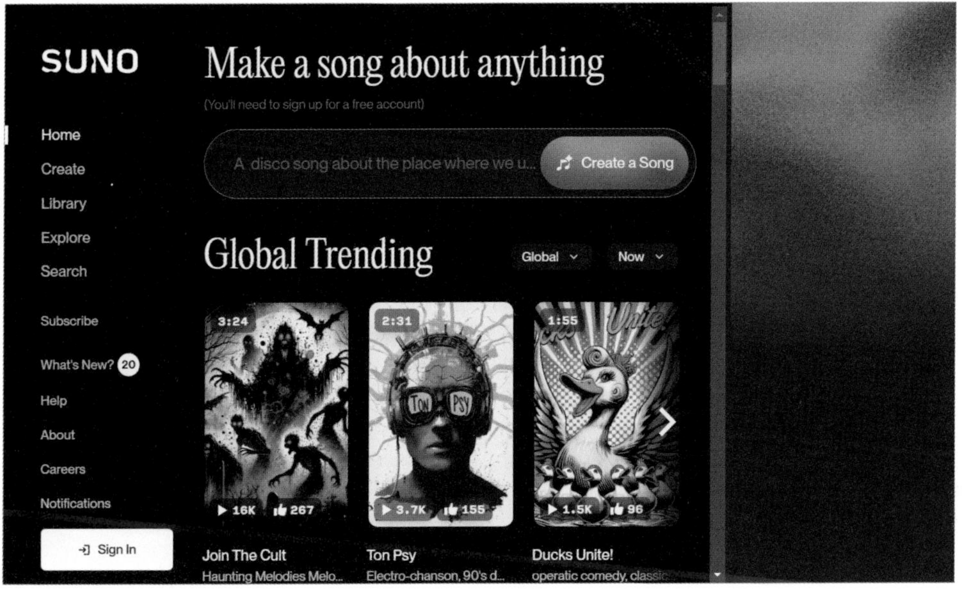

- AI를 활용하여 노래를 만들고 공유할 수 있는 플랫폼으로, 챗GPT에 질문하듯 프롬프트만 넣으면 노래를 만들어 준다.
- 무료 회원은 매일 10개의 곡을 만들어 볼 수 있다. 오디오 샘플(60초 이내의 파일)을 업로드하여 그것을 기반으로 노래를 만들게 할 수도 있다. 한국어 프롬프트도 인식하나, 이해도가 다소 떨어지므로 영어로 프롬프트를 입력하는 것이 좋다.

➡ 활용 방법[수업 및 평가]: 사회 문제와 관련한 노래 가사를 써 보고, 그것을 노래로 만들기 위한 프롬프트를 챗GPT에 요청한다. 필요할 경우 답변을 영어로 다시 써 달라고 요청한다.

✨ 북크리에이터 (https://bookcreator.com)

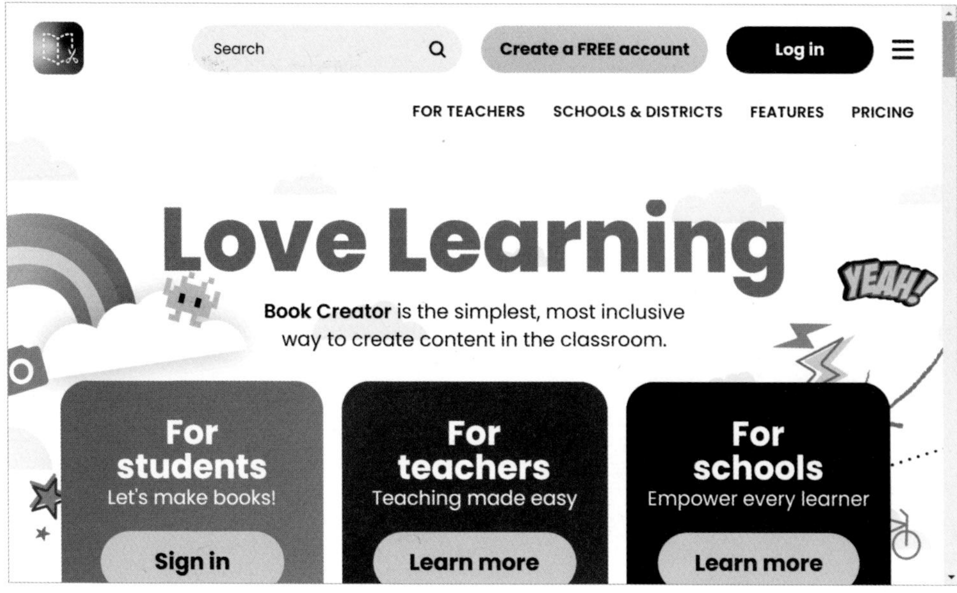

- 교사와 학생들이 손쉽게 전자책(온라인 책)을 만들고 공유할 수 있는 플랫폼이다. 영어로 되어 있으나 사이트 구조와 사용법이 매우 단순하다.
- 텍스트는 물론이고 이미지(이미지 검색 기능도 제공), 오디오(기기 마이크를 이용한 녹음 기능도 제공), 비디오(기기 캠 또는 카메라를 이용한 녹화 기능도 제공) 등을 활용한 역동적인 책 작성이 가능하고, 템플릿, 아이콘 등을 기본 제공한다.

➡ 활용 방법[수업 및 평가]: 특정 주제(인물)에 대한 탐구 결과(또는 프로젝트)를 책으로 만들게 한다. 이때 필요한 삽화나 이미지를 챗GPT에 요청한다. 수행한 과제들을 사진으로 찍어 포트폴리오 북을 만들게 한다. 포트폴리오 북 구성 방법을 챗GPT에 묻게 한다.

챗GPT 수업에 200% 활용하기

1장 챗GPT로 인권 동화 만들기

1) 인권을 담은 자기 이야기 선정하기	2) 주제에 맞는 이야기 창작하기	3) 이야기에 생명을 불어넣는 삽화 만들기	4) 나만의 동화책 만들어 보기 (with 북크리에이터)

어린 시절, 우리는 동화를 통해 많은 것을 배웠다. 동화 속 주인공들이 겪는 고민과 모험은 우리에게 지혜와 용기를 심어 주었고, 그들이 내리는 선택은 삶의 방향을 알려 주었다. 이제 우리가 그랬던 것처럼 학생들에게 가르침을 전하는 방법으로 동화를 활용해 보자. 하지만 경험 중심의 능동적 학습을 위해 학생들은 자기 경험을 바탕으로 스스로 동화를 만들 것이다. 이제는 챗GPT가 있어 창의적이고 의미 있는 이야기를 만드는 과정이 더 쉽고 재미있어졌다.

인권은 도덕 교과와 사회 교과가 공통으로 다루는 주요 학습 주제이다. 이 장에서 학생들은 인권과 관련한 자기만의 이야기를 선정하고, 이를 바탕으로 창의적이고 교훈적인 동화를 만들어 볼 것이다. 또한, 동화의 완성도를 높이기 위해 삽화를 함께 제작하는 방법도 다룰 것이다. 이 과정을 통해 학생들은 도덕적 가치와 사회적 책임을 자기 삶의 이야기 속에 통합시킬 수 있다.

1) 인권을 담은 자기 이야기 선정하기

인권 동화를 만드는 첫 번째 단계는 학생들이 자신의 실제 경험을 바탕으로 도덕적·사회적 가치를 담은 이야기를 찾는 것이다. 진짜 경험에서 비롯된 이야기는 더 큰 진정성과 공감을 끌어낸다. 여기서 챗GPT는 시작 자체를 어려워하는 학생들에게 자기 경험을 탐색하기 위한 실마리를 제공할 수 있다.

학생 질문:
"나는 중학생이야. 도덕(사회) 시간에 자기 경험을 가지고 인권 동화를 만들어야 해. 내가 소재로 쓸 만한 경험이 무엇이 있을까?"

ChatGPT의 답변:
인권 동화의 소재로 쓸 수 있는 경험은 일상에서 겪은 작은 부당함이나, 타인에게 베푼 배려에서 시작할 수 있어요. 몇 가지 아이디어를 드리자면:

친구 간의 차별: 친구들 사이에서 특정 이유로 무시당하거나 차별받은 경험이 있다면, 이를 동화로 풀어볼 수 있어요. 예를 들어, 어떤 친구가 외모나 성적, 경제적 이유로 소외된 경험을 다룰 수 있습니다.
도움을 준 경험: 학교나 일상에서 힘들어하는 친구를 도와준 경험을 바탕으로, 배려와 이해의 중요성을 강조하는 이야기를 만들 수 있어요. 예를 들어, 학교 폭력을 목격하고 도와준 경험이나, 새로운 친구를 사귀도록 도와준 이야기를 소재로 삼을 수 있죠.
다름을 존중한 경험: 다른 문화, 언어나 환경에서 온 친구와 함께한 경험을 통해 다름을 존중하는 이야기를 만들 수 있어요. 새로운 환경에서 친구들이 그 친구를 어떻게 받아들이고 함께 성장하는지를 그려볼 수 있습니다.
불공평함에 맞선 경험: 선생님이나 친구들이 불공평하게 대우한 상황에서 이를 해결하려고 노력한 경험도 좋은 소재가 될 수 있어요. 정의를 추구하고 공평함을 중시하는 주제를 담은 이야기를 만들 수 있죠.

이런 경험들을 바탕으로, 사람들의 권리와 차별의 문제를 다룬 이야기를 만들어 보면 흥미롭고 의미 있는 동화를 쓸 수 있을 거예요!

일상적 경험을 인권 동화로 발전시키기 위해서는 그 안에 담긴 (인권과 관련한) 교훈을 찾아내는 것이 중요하다. 이를 위해 교사는 학생들이 과거의 경험을 되돌아보고, 그 속에서 얻은 교훈을 스스로 인식하도록 도와야 한다.

예를 들어, 학생이 차별을 겪었을 때 그 경험을 통해 무엇을 배웠는지 생각해 보게 (또는 발표해 보게) 할 수 있다. 학생은 차별받지 않을 권리의 소중함을 알게 되었다거나, 배려와 존중의 중요성을 깨달았다는 식으로 교훈을 도출할 수 있어야 한다.

2) 주제에 맞는 이야기 창작하기

학생이 자기 경험에서 교훈을 찾아냈다면, 이제 그 경험을 이야기로 발전시킬 차례다. 이때 챗GPT는 학생들이 경험을 바탕으로 어떻게 이야기를 구성하고, 교훈을 명확히 전달할 수 있을지 도움을 줄 수 있다. 그러나 이야기의 근간은 반드시 학생의 실제 경험에 기반해야 하며, 챗GPT는 그 경험을 더 풍부하고 매력적인 이야기로 발전시키는 데 도움을 주는 역할에 한정되어야 한다.

예를 들어, 학생이 친구 사이의 차별 경험을 이야기로 만들고 싶다면 챗GPT에 다음과 같이 물어볼 수 있다.

학생 질문:
"도덕(사회) 시간에 친구를 차별했다가 화해한 경험으로 동화를 만들어야 해. 어떻게 만들어야 해?"

ChatGPT의 답변:
동화를 만들기 위한 단계별 가이드를 제공할게요. 친구를 차별했다가 화해한 경험을 바탕으로 감정과 교훈을 잘 담아 내면 좋을 것 같아요.

1. 주제 설정
주제: 차별과 화해, 우정의 소중함
메시지: 모든 사람은 존중받아야 하며, 실수를 인정하고 화해하는 것이 중요하다.

2. 등장인물 정하기
주인공: 차별당한 친구를 가진 아이
친구: 차별을 당한 아이
조력자: 친구의 상황을 이해하고 주인공에게 조언하는 캐릭터 (예: 동물, 마법사 등)

3. 배경 설정
장소: 학교, 놀이터 또는 판타지 세계
시간: 현대 또는 전설적인 시대로 설정

4. 이야기 전개
시작: 주인공이 친구를 차별하는 장면을 통해 문제를 제시
전개: 차별로 인해 친구가 슬퍼하고, 주인공도 마음의 갈등을 느끼는 과정
위기: 주인공이 친구와의 관계가 소원해지고, 혼자 힘든 상황에 처함.
해결: 주인공이 자신의 행동을 반성하고, 친구에게 사과하는 장면

5. 클라이맥스 및 결말
클라이맥스: 친구가 주인공의 사과를 받아주고, 서로의 감정을 이야기하는 장면
결말: 주인공과 친구가 다시 가까워지고, 서로를 존중하는 모습을 보여줌.

6. 교훈
마지막에 교훈을 명시: “모두에게는 존중받을 권리가 있으며, 잘못을 인정하고 화해하는 것이 진정한 우정의 시작이다.”

7. 문체와 스타일
언어: 간단하고 명확하게 아이들이 이해할 수 있는 언어 사용
삽화: 이야기에 맞는 그림을 추가하면 더욱 생동감 있게 전달할 수 있어요.

이런 구조로 이야기를 작성해 보면 좋을 것 같아요. 필요한 부분이 있으면 언제든지 물어봐 주세요!

이처럼 챗GPT는 학생이 가진 경험을 바탕으로 어떤 식으로 이야기를 전개하면 좋을지 아이디어를 제공할 수 있다. 학생은 챗GPT의 제안을 참고해 전반적인 이야기의 뼈대를 그려 볼 수 있다. 또한, 미리 대강의 줄거리와 결말을 예측해 보고 보다 나은 다른 경험을 고민해 볼 수도 있다.

이야기의 뼈대를 형성했다면 자기 연습장이나, 구글 독스(https://docs.google.com)에 이야기와 대사를 쓰도록 지도한다. 세부 이야기 구성은 학생 스스로 써야 할 것이다. 교사가 하나의 구글 독스 파일을 만든 뒤 학생들에게 공유한다면(학생 수만큼 문서 탭을 만든 뒤, 학생 번호에 따라 탭 지정), 학생들의 작업 상황을 실시간으로 확인할 수 있다. 또는 교실 뒤에서 학생들의 작업 상황을 지켜볼 수 있다.

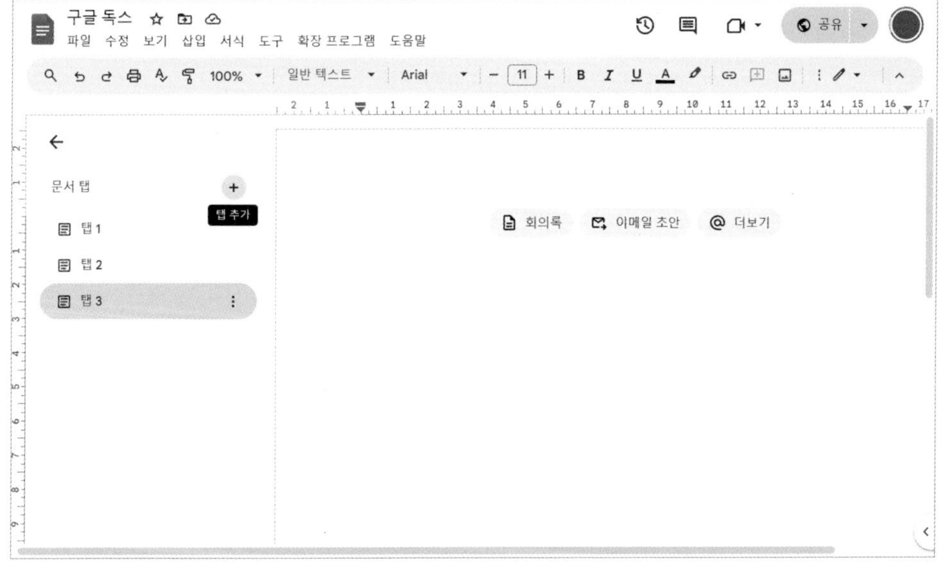

구글 독스 화면. 왼쪽 중간의 "+"버튼(탭 추가 버튼)으로 문서 탭을 추가할 수 있으며, 오른쪽 위의 "공유" 버튼을 통해 학생들과 문서를 공유하기 위한 링크를 만들 수 있다.

3) 이야기에 생명을 불어넣는 삽화 만들기

이제 이야기를 완성했다면, 그 이야기에 생명을 불어넣을 차례다. 삽화는 상상력을 자극하고 이야기를 더욱 생동감 있게 만들어 준다. 여러 도구를 이용해 직접 그림을 그릴 수도 있겠지만[7], 챗GPT의 이미지 생성 기능을 활용하여 삽화를 만들 수 있다.

챗GPT의 이미지 생성 기능을 사용하면 원하는 장면을 손쉽게 시각화할 수 있다. 먼저, 표현하고 싶은 장면을 구체적으로 생각하고, 이를 바탕으로 적절한 프롬프트를 작성한다. 이때도 챗GPT의 도움을 받을 수 있다. 예를 들어, 다음과 같이 질문할 수 있다.

학생 질문: "주인공이 친구와 화해하는 장면을 삽화로 만들고 싶어. 챗GPT에 어떤 프롬프트를 입력하면 좋을까?"

ChatGPT의 답변:
주인공이 친구와 화해하는 장면을 챗GPT에 설명하기 위한 프롬프트는 이렇게 작성할 수 있어요:
"두 명의 친구가 공원에서 해 질 녘에 화해하는 장면을 삽화로 만들어줘. 그들은 서로를 마주 보며 따뜻하게 웃고 있고, 한 친구는 손을 내밀어 악수를 청하고 있어. 주변에는 가을 낙엽이 흩어져 있고, 부드러운 햇살이 비치는 평화로운 분위기야. 친구들의 표정에는 용서와 화해의 감정이 담겨 있어."

이 프롬프트는 감정과 배경이 잘 드러나는 화해 장면을 그릴 때 유용할 거예요!

이렇게 챗GPT의 조언을 받아 프롬프트를 작성하고, 이미지 생성 기능을 통해 삽화를 만들 수 있다. 여러 번 이미지를 생성하여 자신의 이야기와 잘 어울리는 것을 선택한다.

---

7) 캔바의 Draw 기능이나 구글 도구인 드로잉(https://docs.google.com/drawings)을 사용할 수 있다.

처음 생성된 이미지	두 번째 생성된 이미지	세 번째 생성된 이미지
생성된 후 챗GPT에 "사진에 더 가까워. 삽화는 그림이야. 그림으로 만들어줘." 라고 요청	생성된 후 챗GPT에 "청소년들로 그려줘."라고 요청 (남자 수염 때문)	원하는 이미지가 되었다.

★ 챗GPT가 만들어 준 이미지에 마우스를 가져다 대면 오른쪽 위에 "⤓"버튼(다운로드 버튼)이 뜬다. 이것을 누르면 다운로드가 되지만 일반적인 용도가 제한된 WEBP 형식(.webp)의 파일로 다운이 된다. 이때 두 가지 방법으로 파일을 변환할 수 있다.

① **무료 웹사이트 이용하기**

구글에 "webp to jpg"(또는 "webp to png" 등 원하는 파일 형식을 뒤에 붙인다)라고 검색해 보자. 로그인 없이도 무료로 파일을 변환해 주는 사이트들이 얼마든지 나온다(대표적 사이트가 https://www.iloveimg.com). 이런 사이트들은 파일 드래그 앤 드롭(파일을 클릭한 채, 사이트 위로 끌어다 올려놓는 것)과 같은 간단한 방법으로 변환을 해 준다.

② **챗GPT에 변환 요청하기**

아래와 같이 챗GPT에 다시금 "jpg 형식으로 만들어 줘."라고 요청한다. 변환된 파일을 다운로드할 수 있는 링크를 준다. (링크가 작동되지 않는 경우, 작동이 안 된다고 하면 다시 만들어 준다.)

"여기에서 다운로드"를 클릭하면 변환된 파일이 다운로드된다.

삽화를 제작할 때도 인권의 가치와 연결 지을 수 있다. 예를 들어, 챗GPT에 요청할 때 다양한 배경과 문화를 가진 인물들을 삽화에 포함하도록 요구한다면 다양성과 포용성의 가치를 표현할 수 있다.

4) 나만의 동화책 만들어 보기 (with 북크리에이터)

이야기도 완성했고, 삽화도 준비됐다면 이제 나만의 동화책을 만들어 볼 수 있다. 이때 앞에서 소개한 전자책 제작 플랫폼인 북크리에이터를 사용한다.

북크리에이터는 사용하기 쉬워서 텍스트와 이미지를 손쉽게 배치하고 디자인할 수 있다. 다음 단계를 따라 온라인 동화책을 만들 수 있다.

① 가입하고 프로젝트 시작하기

웹사이트에 접속하여 회원 가입을 하고, 오른쪽 위의 "+새 책" 버튼을 클릭한다.

북크리에이터의 편집 화면. 화면 왼쪽과 오른쪽의 "< >" 버튼을 눌러 페이지를 이동할 수 있고, 마지막 페이지에서 오른쪽에 뜨는 "+" 버튼(아이템 추가 버튼)으로 새 페이지를 만들 수 있다.

② 디자인 요소 적용하기

페이지 배경 색상을 변경하거나, 템플릿, 모양(도형), 아이콘 등을 사용하여 책의 분위기를 살려 보자. 통일된 디자인을 적용하면 더욱 완성도 있는 책을 만들 수 있다.

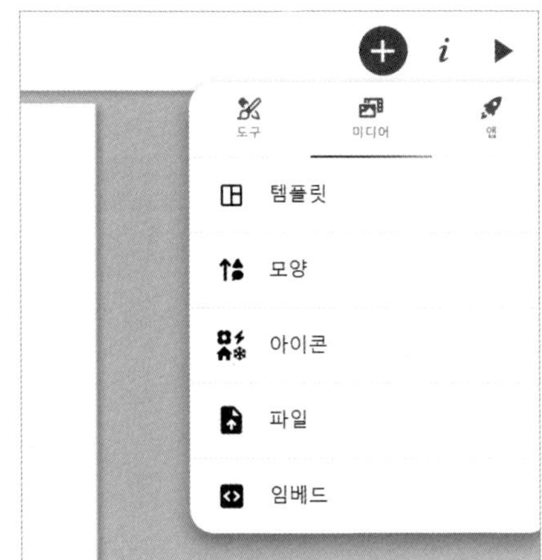

오른쪽 상단의 "+" 모양 버튼(아이템 추가 버튼)을 눌렀을 때.

"도구" 탭에 들어가면
이미지 삽입 등을 할 수 있다.

"미디어" 탭에 들어가면
템플릿, 모양(도형), 아이콘 등을 사용할 수 있다.

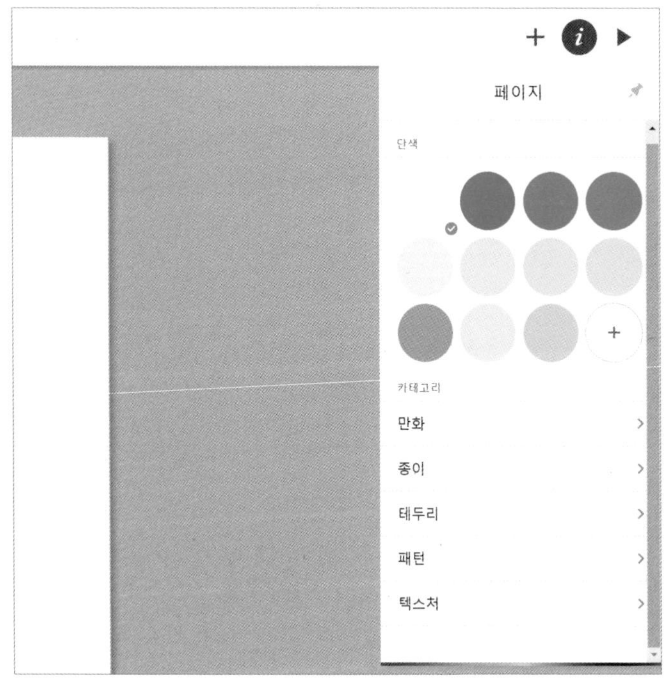

오른쪽 상단의 "i" 모양 버튼(검사기 버튼)을 눌렀을 때.
페이지의 배경 색상, 무늬, 테두리 등을 설정할 수 있다.

③ 페이지 구성하기

이야기를 페이지별로 나누어 각 페이지에 텍스트를 입력한다. 중요한 부분이나 감동적인 부분에 강조를 두어 페이지를 구성한다.

④ 삽화 삽입하기

각 페이지에 알맞은 삽화를 업로드한다. 화면 오른쪽 위의 "+" 모양 버튼을 누르고 " 이미지"를 누르면 삽입할 수 있다. 앞서 생성한 AI 삽화를 활용한다.

⑤ 미리보기 및 수정하기

완성된 동화책을 미리보기[8]하고 오탈자나 수정할 부분이 없는지 확인한다.

⑥ 출판 및 공유하기

완성된 동화책을 PDF로 저장[9]하거나 온라인 링크를 통해 친구나 가족과 공유할 수 있다. 패들렛을 통해 링크를 게시할 수도 있다.

8) 오른쪽 상단의 "▶" 모양 버튼(책 읽기 버튼)을 누르면, 화면이 책 읽기 모드로 변환된다.

9) 책 읽기 모드에서 오른쪽 상단의 "" 모양 버튼(Share menu 버튼)을 누르고 "인쇄"를 누른 뒤("전자책으로 다운로드" 버튼을 누르면 epub 형식의 파일이 다운된다), 오른쪽 상단의 "" 모양 버튼(다운로드 버튼)을 누르면 PDF로 다운로드할 수 있다.

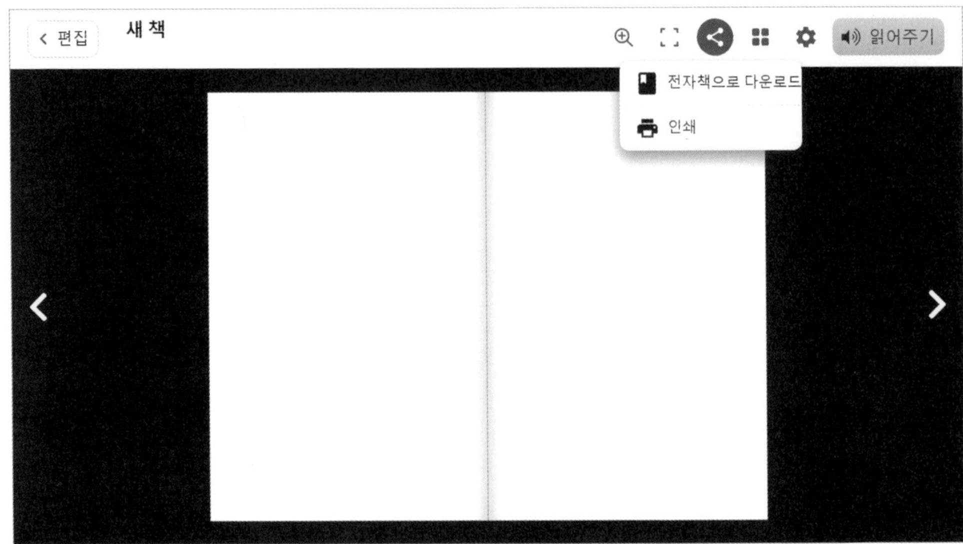

편집 화면에서 오른쪽 상단의 "▶" 모양 버튼(책 읽기 버튼)을 누르면, 화면이 책 읽기 모드로 변환된다. 위 화면은 책 읽기 모드이다. 오른쪽 상단에 생긴 "<" 모양 버튼(Share menu 버튼)을 누르면 책을 발행할 수 있는 옵션들이 뜬다. "전자책으로 다운로드" 버튼을 누르면 e북 형식(.epub)의 파일이 다운로드된다.

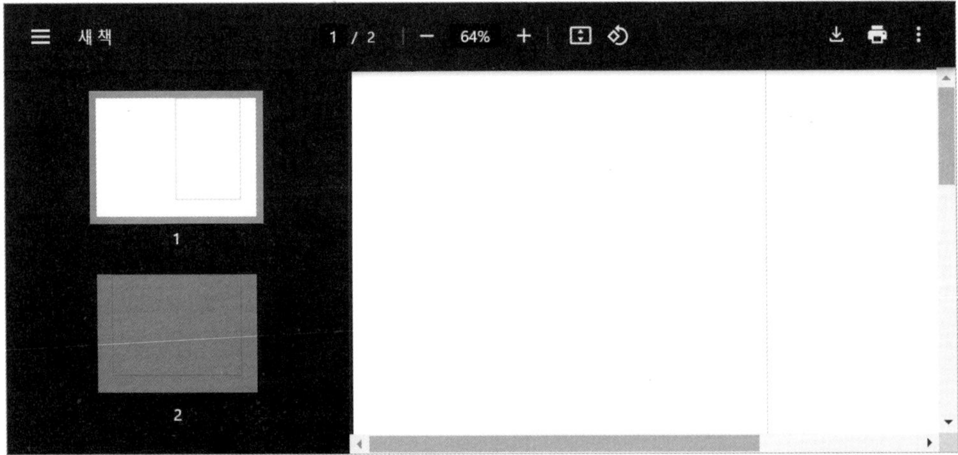

책 읽기 모드에서 오른쪽 상단의 "<" 모양 버튼(Share menu 버튼)을 누르고 "🖶 인쇄"를 눌렀을 때의 화면(크롬 기준). 여기서 오른쪽 상단의 "⤓" 모양 버튼(다운로드 버튼)을 누르면 PDF 파일로 다운로드할 수 있다. 바로 그 옆의 🖶 인쇄 버튼을 눌러 PDF 파일로 인쇄하는 방법도 사용 가능하다.

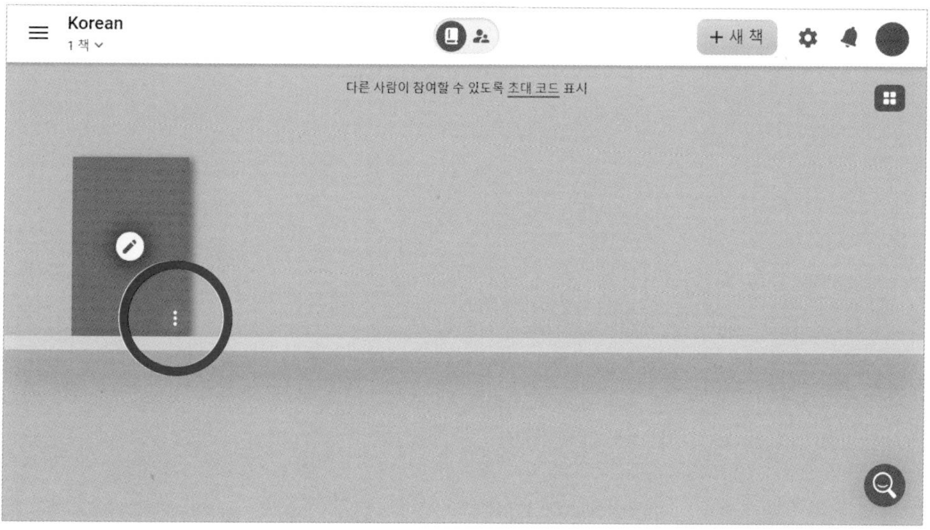

라이브러리 화면에서 편집 중인 책 위에 마우스 포인터를 가져가면 " ⋮ " 버튼이 보이게 된다. 해당 버튼을 누르고 "< 공유" 버튼을 누르면 아래와 같이 더 다양한 발행 방식이 뜬다.

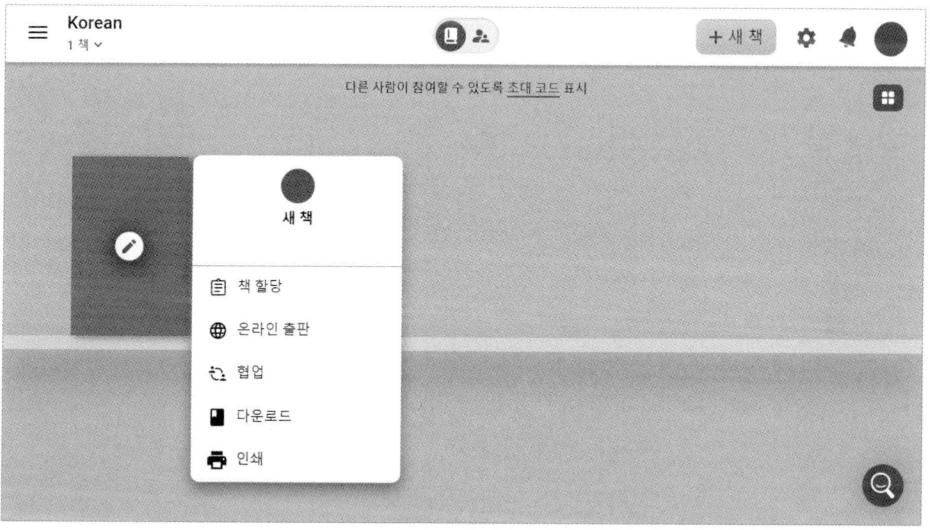

" ⋮ " 버튼을 누르고 "< 공유" 버튼을 눌렀을 때의 메뉴

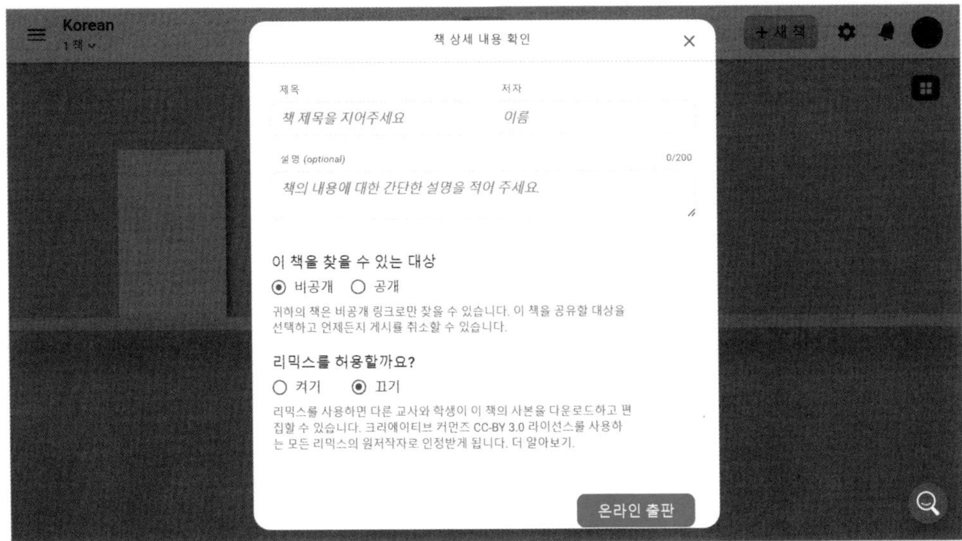

"온라인 출판"을 눌렀을 때의 화면. 해당 화면에서 제목, 저자 등을 입력한 뒤 아래쪽의 파란색 온라인 출판 버튼을 누르면 다음 화면(아래 사진)으로 넘어가면서 온라인 발행이 된다.

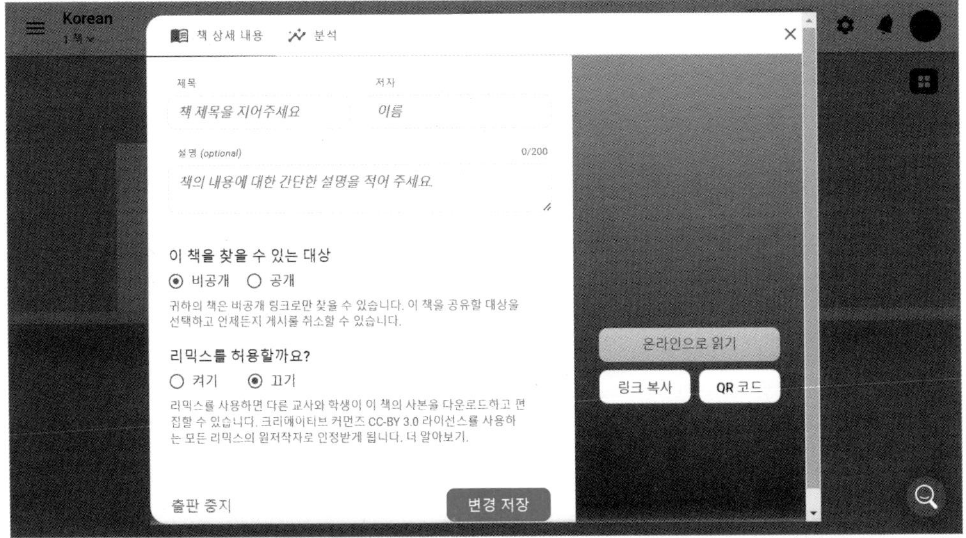

파란색 온라인 출판 버튼을 눌렀을 때의 화면. 이제 링크나 QR코드로 공유하면 된다.

동화책을 만들면서 자신의 이야기(예: 권리를 침해받거나 침해한 이야기)와 인권 존중의 메시지를 연결하는 것은 매우 의미 있는 일이다. 즉 평등, 자유, 존중과 같은 인권의 가치를 자기 삶과 정체성에 담아 낼 수 있다. 또한, 그러한 활동을 온라인 동화책으로 만듦으로써 활동 과정을 소중한 기록으로 남길 수 있으며, 자신의 이야기를 친구들에게 시각적으로도 풍부하게 전달할 수 있다.

★ 챗GPT에 주는 질문(프롬프트)처럼 수업의 형식에 너무 집착하지 않아도 된다. 어떻게 재구성하는지는 교사의 재량에 달렸다.

챗GPT로 감정 수업하기

1) 감정 분석 "호그와트 초대장을 받은 해리의 감정은?"	2) 챗GPT로 창작 대본 만들기	3) AI를 활용한 감정 노래 만들기 (with 수노)	4) 감정 코칭 "소크라테스의 MBTI는 무엇일까?"	5) 챗GPT와 함께하는 MBTI 고민 상담소

[청소년 시기 감정 교육의 중요성]

① 정체성과 감정의 관계

'나'라는 정체성은 선택과 행동의 결과로 형성된다. 이러한 선택과 행동의 이면에는 '감정'이 숨겨져 있다. 감정을 이해하고 조절하는 능력을 통해 올바른 자아 정체성을 확립할 수 있다.

② 청소년 감정의 특성

기쁨, 슬픔, 분노, 불안 등 다양한 감정 상태를 하루에도 수십 번씩 빠르게 오가는 청소년들에게 감정을 올바로 표현하고 피드백을 받는 경험은 필수적이다.

★ 챗GPT에서 논문 검색도 가능하다.

 교사 질문:
"청소년 시기의 감정 교육에 관한 논문을 찾아 줘."

 ChatGPT의 답변:

청소년기의 감정 교육에 관한 다양한 연구들이 진행되어 왔습니다. 아래에 관련된 논문들을 소개해 드리겠습니다:

1. **"청소년의 감정조절전략이 정서적 불안정성과 스트레스에 미치는 영향"**: 이 연구는 청소년의 감정 조절 전략이 정서적 불안정성과 스트레스에 어떤 영향을 미치는지 분석하였습니다. 연구 결과, 감정 중심 전략이 정서적 불안정성과 스트레스를 감소시키는 데 유의미한 영향을 미치는 것으로 나타났습니다. SCIENCEON.KISTI.RE.KR
2. **"페이퍼 컷아웃 기법을 활용한 청소년 감정 표현 미술 프로그램 개발"**: 이 논문은 청소년들이 자신의 감정을 이해하고 시각적으로 표현할 수 있도록 돕는 미술 프로그램을 개발하였습니다. 페이퍼 컷아웃 기법을 활용하여 청소년들의 감정 표현 능력을 향상시키는 데 중점을 두었습니다. SCIENCEON.KISTI.RE.KR
3. **"비폭력대화와 감정코칭을 통합한 청소년 정서조절프로그램 개발 및 효과 검증"**: 본 연구는 비폭력대화와 감정코칭을 통합한 정서조절 프로그램을 개발하고, 이를 통해 청소년들의 정서지능, 자아탄력성, 학교생활 적응 능력의 향상을 검증하였습니다. SCIENCEON.KISTI.RE.KR
4. **"정서중심 집단상담 프로그램이 청소년의 감정표현불능증, 우울, 신체화 증상 감소 및 대인관계 개선에 미치는 효과"**: 이 연구는 정서중심 집단상담 프로그램이 청소년들의 감정표현불능증, 우울, 신체화 증상을 감소시키고 대인관계를 개선하는 데 효과적임을 확인하였습니다. DBPIA.CO.KR
5. **"청소년의 정서인식 및 표현을 위한 색채 중심 미술치료교육 프로그램 개발 및 효과"**: 이 논문은 색채 중심의 미술치료교육 프로그램이 청소년들의 정서 인식 및 표현 능력을 향상시키는 데 효과적임을 보여주었습니다. DBPIA.CO.KR

이러한 연구들은 청소년들의 감정 인식, 표현, 조절 능력을 향상시키기 위한 다양한 접근법과 그 효과를 다루고 있습니다. 각 논문을 통해 청소년 감정 교육에 대한 심도 있는 이해와 실질적인 프로그램 개발에 대한 정보를 얻을 수 있을 것입니다.

출처

챗GPT 답변에 포함된 출처 " SCIENCEON.KISTI.RE.KR " 모양 버튼을 클릭하면 해당 논문의 사이트로 바로 이동할 수 있다. 이 기능을 활용하면 수업 모형의 이론적 배경을 세우는 데 도움이 된다.

✨ 챗GPT 논문 활용 질문 예시

1. "다음 논문의 주요 내용을 요약해 줘."
2. "이 논문의 초록을 분석해 줘."
3. "이 내용을 한국어로 번역해 줘."
4. "이 논문의 한계점과 향후 연구 방향에 대해 알려 줘."

1) 감정 분석 "호그와트 초대장을 받은 해리의 감정은?"

이 장에서는 챗GPT를 활용해 영화나 책 속 캐릭터의 감정을 분석하고 토론하는 방법을 소개한다. 이 활동을 통해 학생들은 이야기 속 캐릭터의 감정을 이해하고 표현하는 능력을 키울 수 있다.

[캐릭터 선정 및 감정 분석]

① 캐릭터 선정 및 주요 장면 정리

- 교사는 학생들이 모둠별로 함께 분석할 영화나 책을 선정할 수 있도록 안내한다.
- 선정한 작품에서 인상 깊었던 장면을 정리한다.

② 모둠별 감정 토론 활동

- 각 모둠은 선정한 작품에서 캐릭터들이 느꼈을 감정을 정리하고 토론한다.
- "이 장면에서 주인공은 어떤 감정을 느꼈을까?", "이 캐릭터가 이렇게 행동한 이유는 무엇일까?" 등의 질문을 통해 생각을 공유한다.

③ 챗GPT 활용 예시

감정 분석이 처음이라 막막한 학생들을 위해 교사는 챗GPT를 사용해 구체적인 예시를 제공할 수 있다.

교사 질문:
"해리포터 영화 속 캐릭터의 감정을 분석하고 싶어. 구체적인 예시를 알려 줘."

ChatGPT의 답변:
물론이죠! 해리포터 영화 속 캐릭터들의 감정을 분석하는 건 흥미로운 작업이 될 거예요. 구체적인 예시로 몇 가지 장면을 통해 캐릭터들의 감정을 분석해 볼게요.

1. 해리포터 - "해리포터와 마법사의 돌"에서 호그와트 초대장을 받은 해리

장면: 해리는 자신의 11번째 생일을 앞두고 호그와트에서 온 초대장을 받으며 자신이 마법사라는 사실을 처음으로 알게 됩니다.

감정 분석:

- **놀라움과 기쁨:** 평범한 소년이라고 생각했던 자신이 마법사라는 사실에 놀라움을 느끼고 자신의 진정한 정체성과 특별한 능력을 알게 되면서 내면 깊은 곳에서 기쁨을 느낍니다.
- **기대감:** 해리는 호그와트에서의 새로운 삶에 대해 엄청난 기대감을 품게 됩니다. 마법 세계에서의 모험과 배움이 그를 기다리고 있다는 생각에 설레는 마음을 감출 수 없습니다.
- **불안:** 해리는 그동안 알지 못했던 새로운 세계로 들어가는 것에 대해 약간의 불안감을 느낄 수도 있습니다. 하지만 이 불안감은 곧 모험에 대한 기대감으로 대체됩니다.

 교사 질문:
"호그와트 초대장을 받은 해리의 모습을 그려 줘."

챗GPT를 활용해 원하는 이미지를 만들 수 있다.[10] 챗GPT에 "JPG 형식으로 만들어 줘."라고 요청한 후 이미지를 다운로드할 수 있다.

 **2. 스네이프 교수 - "죽음의 성물"에서 그가 죽기 전 해리에게 기억을 남길 때**

장면: 스네이프는 자신의 죽음을 앞두고 해리에게 자신의 진실한 기억을 넘겨줍니다. 이를 통해 해리는 스네이프의 진짜 의도와 그의 과거를 알게 됩니다.

10) 챗GPT는 저작권법을 준수하기 위해 저작권이 있는 작품의 특정 캐릭터, 장면, 설정을 직접 복제하거나 이를 기반으로 이미지를 생성하는 것은 제한된다. 그래서 챗GPT는 저작권이 있는 요소를 직접 사용하지 않고, 창의적이고 독창적인 방향으로 묘사하여 새로운 콘텐츠를 생성하는 방식을 사용하고 있다. AI의 저작권 문제가 궁금하다면 챗GPT에 질문을 던져 답을 얻을 수 있다. "챗GPT를 사용할 때 주의해야 할 저작권 문제에는 무엇이 있어?"

 교사 질문:

"해리포터 죽음의 성물에서 스네이프 교수가 죽기 전 해리에게 기억을 남기는 모습을 그려 줘."

챗GPT에 추가 질문을 하여 다양한 이미지를 얻을 수 있다.

 추가 질문:

"좀 더 밝은 이미지로 만들어 줘."
"캐릭터에 가깝게 만들어 줘."

챗GPT에 "JPG 형식으로 만들어 줘."라고 요청한 후 이미지를 다운로드할 수 있다.

 **감정 분석:**

- **후회:** 스네이프는 릴리 포터에 대한 자신의 사랑과 그로 인한 모든 선택에 대해 후회를 느낍니다. 그의 눈물과 표정에서 깊은 후회를 읽을 수 있습니다.
- **희생:** 스네이프는 해리의 생존을 위해 모든 것을 희생했습니다. 그는 결국 해리와의 진실을 공유하며 자신의 인생을 헌신했음을 보여 줍니다.
- **사랑:** 릴리 포터를 향한 그의 깊은 사랑은 그가 내린 모든 결정의 근본적인 이유였습니다. 그 사랑은 스네이프의 모든 행동을 설명하는 열쇠입니다.

이렇게 해리포터 영화 속 장면을 통해 캐릭터들의 감정을 분석하면서 각 캐릭터의 내면을 더 깊이 이해할 수 있습니다. 이런 작업은 감정 수업이나 감정 분석 프로젝트에 아주 유용할 거예요!

학생들은 교사의 예시를 바탕으로 모둠별로 캐릭터의 주요 장면과 감정을 정리한다. 이후 교사는 학생들이 챗GPT와 활동을 공유하며 새로운 관점에서 결과물을 발전해 나갈 수 있도록 돕는다.

[챗GPT와 공유 및 피드백 받기]

학생들은 챗GPT를 활용하여 캐릭터가 느꼈을 새로운 감정을 찾아볼 수 있다. 이러한 과정을 통해 학생들은 예상하지 못한 감정들을 발견하며 감정에 대한 이해가 깊어질 수 있다.

학생 질문:
"우리 모둠은 해리가 호그와트 초대장을 받았을 때 놀라움과 기쁨, 기대감, 그리고 불안을 느꼈을 거로 생각했어. 혹시 우리가 놓친, 해리가 느꼈을 다른 감정이 있을까?"

ChatGPT의 답변:
물론이죠! 해리가 호그와트 초대장을 받았을 때 느꼈을 수 있는 다른 감정으로는 다음과 같은 것들이 있을 수 있어요:

혼란스러움: 해리는 평범한 생활을 하고 있다고 생각했지만, 갑자기 자신이 마법사라는 사실을 알게 되면서 혼란을 느꼈을 수도 있어요. 이 사실이 믿기지 않았을 테니까요.
호기심: 새로운 세계에 대한 흥미와 호기심이 생겼을 가능성도 커요. 마법사로 사는 삶이 어떤 모습일지 상상하며 궁금해했을 거예요.
고립감: 해리는 그동안 이모와 이모부의 집에서 소외감을 느끼며 자랐죠. 초대장을 받았을 때, 자신이 다른 사람들과 다르다는 느낌이 더욱 강해져서 일시적으로 고립감을 느꼈을 수도 있어요.
안도감: 해리는 항상 자신이 어딘가에 속하지 않는다고 느꼈어요. 그래서 호그와트 초대장을 받았을 때, 비로소 자신이 속할 곳이 생겼다는 안도감을 느꼈을지도 몰라요.

이렇게 다양한 감정들이 섞여 있을 수 있어요. 해리는 아주 복합적인 감정을 느꼈을 거예요!

챗GPT의 답변을 받은 학생들은 모둠별로 다시 토론을 시작한다. 챗GPT의 답변에 동의할 수 있는지, 인상적인 답변은 무엇인지 등의 질문을 던지며 생각의 폭을 넓히는 시간을 갖는다. 이 과정을 통해 학생들은 겉으로 드러나는 기쁨 속에 불안이 섞일 수도 있으며, 감정은 상황에 따라 복잡하게 나타날 수 있다는 것을 배우게 된다. 이렇게 캐릭터 감정 분석 활동이 끝나면 이제 감정 표현 단계로 넘어간다.

2) 챗GPT로 창작 대본 만들기

[감정 교육과 창작 대본의 중요성]

- 감정의 추상성: 감정은 말로 설명하기 어려워 이론적 교육만으로는 충분하지 않다.
- 실제 경험의 필요성: 감정을 표현하고 경험하는 것이 감정 이해에 큰 도움이 된다.
- 창작 대본 작성과 역할극: 대본을 작성하며 인물의 행동과 반응을 구체적으로 상상해 볼 수 있고, 역할극을 통해 다른 인물이 되어 새로운 관점으로 세상을 바라보는 경험을 하게 된다.

[챗GPT 활용]

- 대본 작성 보조: 챗GPT의 도움으로 창작 대본을 더욱 풍부하게 작성할 수 있다.
- AI 활용에 대한 이해도 증진: 챗GPT를 활용해 기존 영화의 스토리를 벗어나 완전히 새로운 창작 대본을 만들 수 있다. 이를 통해 챗GPT와 같은 AI를 정보 검색 이상의 도구로 활용해 보는 경험을 하게 된다.

[교사의 역할]

적절한 가이드라인 제공: 챗GPT 의존 방지를 위해 적절한 가이드라인과 평가 기준을 제시해야 한다.

★ 가이드라인 (모둠원 4명을 기준)

1. 최소 4개 이상의 장면 전환을 포함하기
2. 모둠원의 인원수만큼 등장인물 구상하기
3. 4개 이상의 다양한 감정이 드러나게 작성하기
4. 대본 초안 작성 후 교사에게 1차 피드백 받기
5. 피드백 확인 후 교사에게 태블릿 받기
6. 챗GPT를 활용해 대본 다듬기
7. 완성본 작성 후 교사에게 확인받기

대본 작성을 시작하기에 앞서 학생들의 나이에 따라 구체적인 예시가 필요할 수 있다. 이럴 때 교사는 챗GPT를 활용하여 쉽게 예시를 만들 수 있다. 예시를 통해 학생들은 기존의 영화 스토리를 따라야 한다는 부담감을 떨치고 자유롭게 대본을 창작할 수 있다.

교사 질문:
"'호그와트 초대장을 받은 해리'라는 제목의 창작 대본을 작성하려고 해. 등장인물은 4명, 4개의 장면, 기쁨, 불안, 호기심, 놀라움의 감정이 들어가도록 작성해 줘."

ChatGPT의 답변:
대본: "호그와트 초대장을 받은 해리"

등장인물
해리 포터: 주인공, 호그와트 마법학교의 초대장을 받은 소년
펠릭스: 해리의 친구, 지혜롭고 논리적임
마비나: 해리의 절친한 친구, 유머 감각이 뛰어남
브라이저: 호그와트의 숲지기, 해리에게 초대장을 전달한 인물

장면 1: 해리의 방
(해리가 방에서 편지를 손에 들고 있다. 그의 표정에는 놀라움이 가득하다.)
해리: (혼잣말로) 이게 진짜야? 내가 마법사라고? 호그와트 마법학교에 가다니…. (놀라움) (문을 두드리는 소리가 나고, 해리가 문을 열자 펠릭스와 마비나가 들어온다.)
펠릭스: (활기차게) 해리! 드디어 받았구나! 초대장!
마비나: (웃으며) 너도 믿기지 않지? 우리가 다 같이 마법사라니, 대단하지 않아? (기쁨)
해리: (미소를 지으며) 정말 꿈만 같아. 이곳에서 뭘 배울지 기대돼. (기쁨)

장면 2: 다이애건 앨리
(해리와 친구들이 호그와트에서 필요한 물건들을 사기 위해 다이애건 앨리에 도착한다. 해리는 주위를 둘러보며 호기심이 가득하다.)
해리: (눈을 반짝이며) 이곳이 다이애건 앨리구나! 정말 모든 게 신기해…. (호기심)
펠릭스: (설명하며) 여긴 마법사들이 필요한 모든 걸 살 수 있는 곳이야. 한번 둘러보자!
마비나: (해리를 끌며) 해리, 우리 먼저 지팡이를 골라 보자! 그게 가장 중요하거든.
(해리는 다양한 상점들을 보며 연신 놀라워하고, 어떤 물건을 살지 고민한다.)

장면 3: 해리의 집

(해리가 호그와트에서의 첫날을 앞두고 집에서 혼자 생각에 잠긴다. 불안한 표정이다.)

해리: (혼잣말로) 정말 잘할 수 있을까? 마법사라는 게 믿기지 않아. 다른 애들처럼 잘할 수 있을까…. (불안) (해리가 불안해하고 있을 때, 문을 두드리는 소리가 들리고, 브라이저가 등장한다.)

브라이저: (따뜻하게) 해리, 너무 걱정하지 말아라. 호그와트는 네가 있을 곳이야. 난 네가 잘할 거라고 믿어. (위로)

해리: (약간 안심하며) 고마워, 브라이저. 하지만 여전히 조금 무서워. (불안)

브라이저: (힘을 주며) 처음엔 다 그렇지. 하지만 넌 강하니까 잘 해낼 거야.

장면 4: 호그와트 입성

(해리와 친구들이 호그와트에 도착해 성을 처음으로 마주한다. 모두가 성의 웅장함에 놀란다.)

펠릭스: (경외심에 찬 목소리로) 해리, 저기 봐! 저게 바로 호그와트야!

마비나: (놀라며) 와…. 진짜 대단하다. 저곳에서 우리가 공부하게 된다니!

해리: (미소 지으며) 정말 놀라워. 이제 정말 시작이구나…. (놀라움과 기쁨)

(해리와 친구들은 성으로 걸어가며 새롭게 시작될 모험에 대한 기대감과 함께 다양한 감정을 느낀다.)

(막이 내린다.)

등장 감정

놀라움: 해리가 초대장을 받았을 때

기쁨: 해리와 친구들이 호그와트에 갈 준비를 하며 기뻐할 때

호기심: 다이애건 앨리에서 마법사들의 세계를 경험하며 느끼는 호기심

불안: 해리가 새로운 학교생활을 앞두고 느끼는 불안

이 대본은 학생들이 다양한 감정을 표현하고, 서로의 감정을 이해하며 역할극을 통해 재미있게 감정 교육을 진행할 수 있는 구성으로 되어 있습니다.

★ 챗GPT가 만들어 준 대본을 다운로드하는 방법

교사 질문:

"이 대본 내용을 PDF로 다운로드하고 싶어." (또는 "이 대본 내용을 워드로 다운로드하고 싶어.")

 ChatGPT의 답변:

> 대본 파일을 아래 링크에서 다운로드하실 수 있습니다:
>
> 호그와트 초대장을 받은 해리 대본 다운로드 [>-]

답변 중 파란색 글자로 표시된 **"호그와트 초대장을 받은 해리 대본 다운로드"**를 클릭하면 다운로드가 실행된다.

★ 챗GPT는 현재 한글(HWP) 파일을 직접 읽을 수 없으므로 한글 파일을 사용해야 할 경우 챗GPT의 답변을 복사하여 한글 문서에 붙여 넣어 사용할 수 있다.

초안 작성을 마무리하고 교사의 피드백까지 마친 모둠은 챗GPT에 접속할 수 있다. 학생들 스스로 챗GPT에 질문을 던질 수도 있지만, 교사가 구체적인 질문의 예시를 알려 주어 학생들의 활동 방향을 수업 목표와 너무 벗어나지 않도록 도움을 주는 것이 중요하다.

질문 예시

1. "우리의 대본이 가이드라인에 맞게 작성되었는지 확인해 줘."
2. "실감 나는 역할극이 될 수 있도록 문장을 다듬어 줘."
3. "등장인물들의 대사의 분량이 비슷하도록 문장을 추가해 줘."

교사는 학생들이 챗GPT의 답변을 그대로 수용하지 않고 모둠별로 검토해 선택적으로 받아들일 수 있도록 지도하여, 학생들이 인공지능 기술에 매몰되지 않도록 주의해야 한다. 완성한 대본으로 역할극을 진행할 때는 학년, 수업 계획, 목적에 따라 간단히 대본을 보며 발표하거나 의상과 배경음악 등을 준비해 진행할 수도 있다.

3) AI를 활용한 감정 노래 만들기 (with 수노)

학생들은 마음속 감정을 노래로 만들어 보는 활동을 하며 자신의 감정을 더 깊이 이해할 수 있다. 또한, 음악을 통해 창의적으로 감정을 표현하고 예술적으로 해소하며 정서적 안정감을 키울 수 있다.

AI를 활용하면 감정에 맞는 가사를 추천받거나 멜로디를 자동으로 생성할 수 있어 노래 창작이 훨씬 간단해진다. 복잡한 음악 이론이나 작사 경험이 없어도 AI의 도움으로 누구나 자신만의 노래를 쉽고 빠르게 만들 수 있다. 챗GPT를 활용해 나만의 가사를 만들고, 수노(suno)로 멜로디를 입히는 방법을 알아보자.

[챗GPT를 활용하여 가사 작성하기]

챗GPT의 프롬프트를 활용하면 누구나 쉽게 노래 가사를 작성할 수 있다. 교사는 학생들에게 프롬프트에 넣을 질문 내용을 안내하며 학생들의 활동을 도울 수 있다. 다만, 학생들이 가사 전부를 챗GPT에 의존하지 않도록 초안을 먼저 작성하고 이를 보완하는 도구로 챗GPT를 활용하도록 지도하는 것이 중요하다.

교사 질문:
"'호그와트 초대장을 받은 해리'라는 제목의 노래를 만들려고 해. 해리가 느꼈을 감정이 잘 드러나도록 가사를 작성해 줘. 가사의 구조는 1절, 후렴, 2절, 후렴이면 충분해."

ChatGPT의 답변:

'호그와트 초대장을 받은 해리' 노래 가사

1절

외로운 방 안에서 창문 너머 바라보며
평범했던 내 삶 속에 마법은 없었어
갑자기 날 찾아온 낯선 초대장 하나
이게 꿈일까, 아니면 내 진짜 운명일까

후렴
기쁨과 놀라움, 설렘과 불안 속
호그와트로 가는 길에 내 마음은 흔들려
새로운 세상으로 첫걸음을 내디뎌
마법의 시작, 나의 이야기가 펼쳐져

2절
수많은 의문 속에 다가오는 새로운 길
친구도 적도 모르는 낯선 성의 풍경들
내 안에 잠들었던 힘이 깨어나는 걸까
이 모든 순간이 내가 될 운명인가

후렴
기쁨과 놀라움, 설렘과 불안 속
호그와트로 가는 길에 내 마음은 흔들려
새로운 세상으로 첫걸음을 내디뎌
마법의 시작, 나의 이야기가 펼쳐져

가사에 감정을 충분히 담아 작성해 보았습니다. 멜로디에 맞춰 조정하거나 추가적인 감정을 더할 수도 있습니다!

[수노를 활용하여 노래 작곡하기]

수노(suno)는 누구나 쉽게 노래를 만들 수 있도록 도와주는 인공지능(AI) 플랫폼이다. 가사를 입력하고 원하는 장르를 선택하면 음원을 자동으로 생성해 준다. 복잡한 음악적 지식이 없어도 간단히 나만의 노래를 창작할 수 있다. 이제 수노를 활용해 쉽게 노래를 만드는 방법을 알아보자.

① 회원 가입 및 로그인하기

수노 사이트에 접속한다. (https://suno.com)
오른쪽 상단의 "Sign In" 버튼을 누른다.

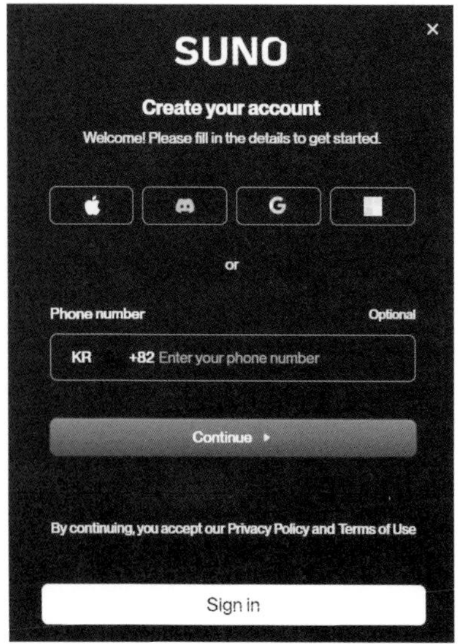

회원 가입을 위한 화면이 나온다.
사용하는 구글 계정으로 간단히 회원 가입을 할 수 있다.

② 챗GPT에서 만든 가사 넣기

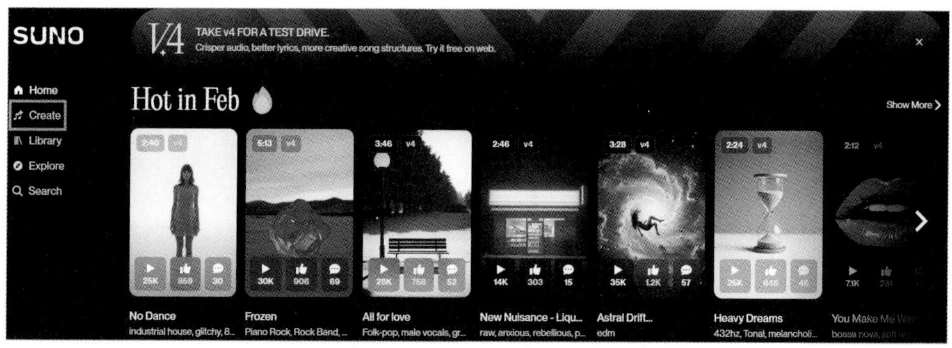

왼쪽 상단의 "Create" 버튼을 누른다.

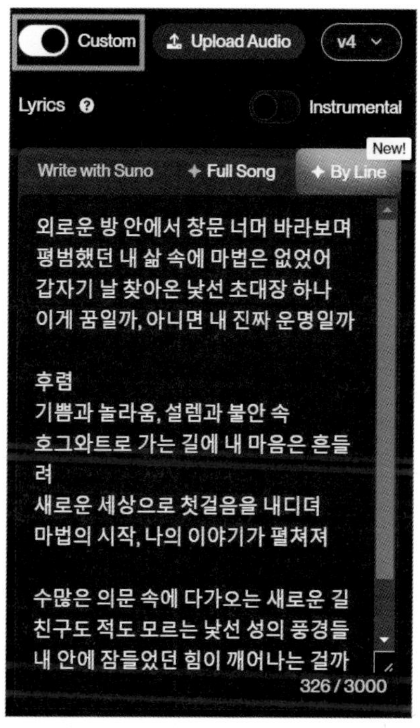

왼쪽 상단의 "Custom" 스위치를 켜서 작사 모드로 화면을 전환한다.

챗GPT에서 만든 가사를 복사해 Lyrics 칸에 붙여 넣는다.

★ 수노는 Lyrics 칸에 적힌 모든 글자를 가사로 인식하므로 챗GPT에서 복사한 가사 중 '1절', '후렴', '2절'과 같은 글자는 삭제해야 한다.

하단의 "Create" 버튼을 누른다.

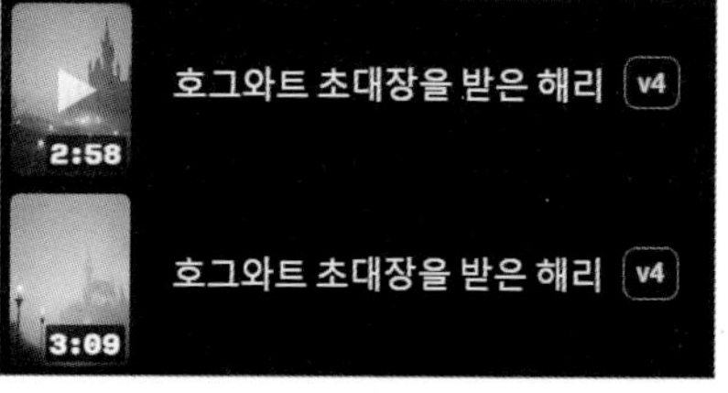

두 가지 버전의 음원이 자동으로 생성된다.

★ 수노에서도 가사를 만들 수 있다.

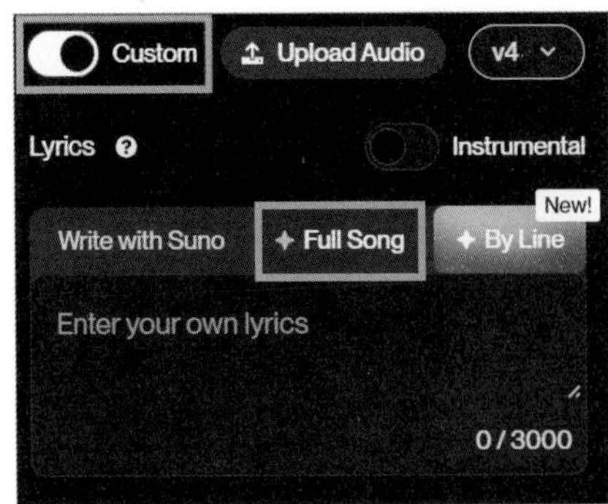

왼쪽 상단의 "Custom" 스위치를 켠다. "Full Song" 버튼을 누른다.

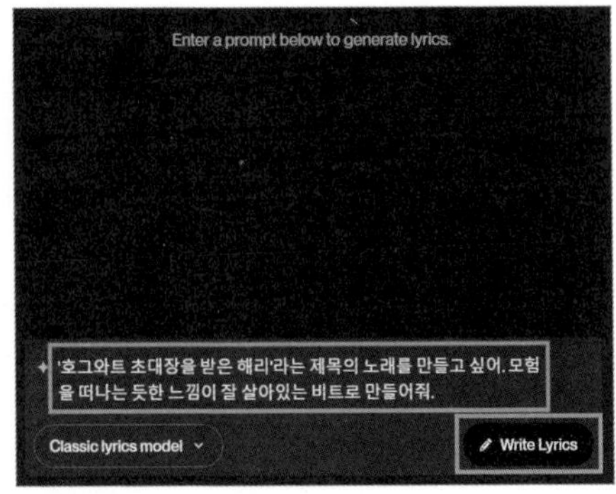

프롬프트에 노래의 테마, 주제, 원하는 비트 등을 입력하고 "Write Lyrics" 버튼을 누른다.

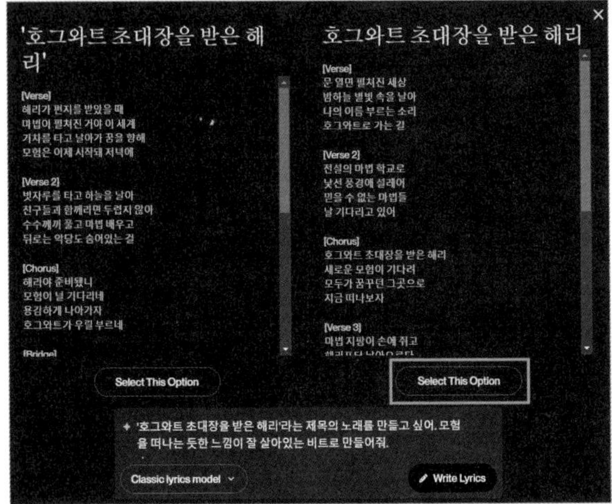

수노가 만들어 준 가사를 비교한 뒤 마음에 드는 가사 쪽의 "Select This Option" 버튼을 누른다.

하단의 "Create" 버튼을 누른다.

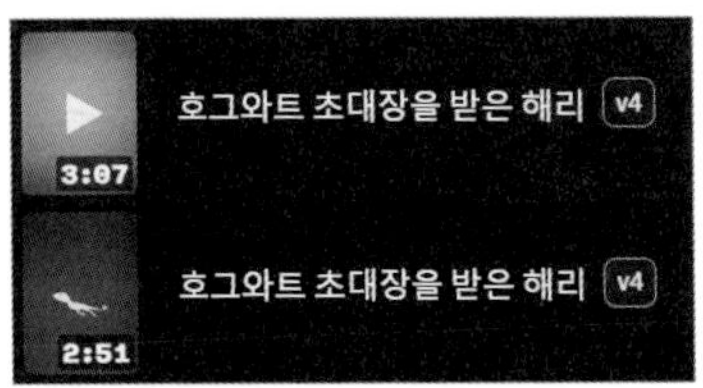

두 가지 버전의 음원이 자동으로 생성된다.

③ 음원 편집하기

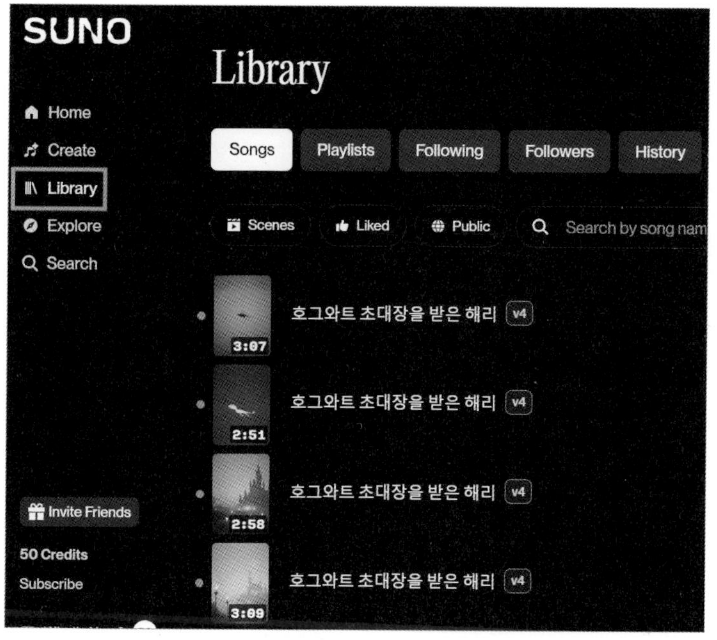

"Library"에서 지금까지 생성한 음원을 확인할 수 있다.

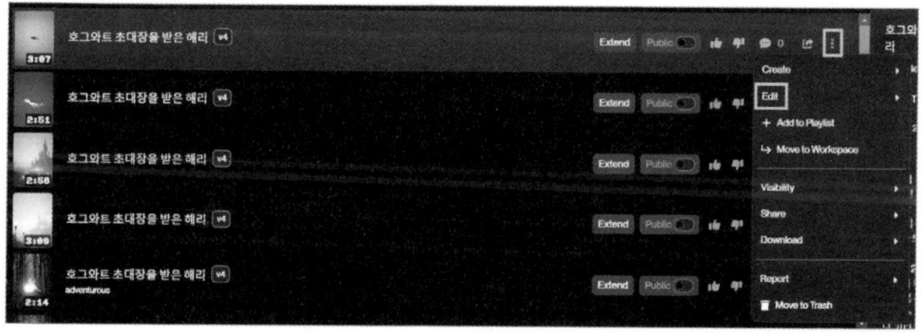

"Library"에서 수정할 음원의 오른쪽에 있는 " ⋮ " 버튼을 누르고
"Edit" 버튼을 누르면 음원을 편집할 수 있다.

"Edit" 버튼을 누르면 나오는 음원 편집 기능 소개

"Song Details": 가사 수정이 가능하다.

"Crop Song": 원하는 길이로 노래를 자를 수 있다.

"Replace Section": 부분 변경이 가능하다.

④ 음원 공유 및 다운로드하기

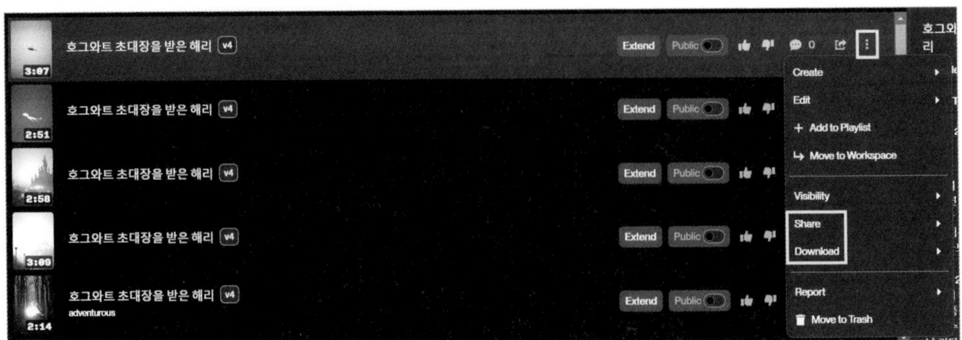

"Library"에서 다운로드할 음원의 오른쪽에 있는 " ⋮ " 버튼을 누른다.
"Share" 버튼을 누르면 음원 링크를 다운로드할 수 있다.
"Download" 버튼을 누르면 MP3, MP4 파일로 음원을 다운로드할 수 있다.

QR check!

QR코드를 스캔하면 챗GPT로 가사를 작성하고, 수노로 작곡한 노래를 들어볼 수 있다.

수노 음원

인공지능(AI)의 발달로 수업에서 노래 창작 활동을 훨씬 더 쉽고 완성도 높게 진행할 수 있게 되었다. 수노를 활용해 자신을 소개하는 노래를 발표하거나, 사회 문제 해결을 위한 캠페인 노래를 제작할 수도 있다. 이를 통해 학생들은 창의적 표현 능력을 키우고, 도덕적 자아와 사회적 가치를 깊이 이해할 기회를 얻게 된다.

4) 감정 코칭 "소크라테스의 MBTI는 무엇일까?"

감정 코칭은 부모, 교사, 상담사, 또래 친구가 감정적으로 어려움을 겪는 사람에게 지지와 조언을 제공하는 과정이다. 이 장에서는 사춘기로 인해 어른에게 쉽게 마음을 열지 않는 청소년들이 챗GPT와의 대화를 통해 건강한 어른으로부터 감정 코칭을 받는 방법을 소개한다.

[챗GPT의 강점]

- 즉각적인 지원: 언제 어디서나 청소년들이 감정적 지원을 받을 수 있다.
- 비판 없는 경청: 청소년들의 이야기를 판단하지 않고 들어 주어 솔직하게 감정을 표현할 수 있도록 도와준다.
- 시공간 초월: 역사 속 인물과의 대화를 통해 새로운 방식의 감정 코칭 경험을 제공한다.

이 강점을 활용해 지금부터 도덕 교과서 속 인물들에게 감정 코칭을 받는 방법을 살펴보자. 상상하지 못했던 역사 속 인물이 나의 고민을 들어 주고 지지해 주는 경험이 챗GPT를 통해 가능해졌다.

[감정 반응 체크]

학생들이 감정 코칭을 받기 전에 먼저 자신의 감정 반응을 점검하도록 하자. 몇 가지 갈등 상황에 대처하는 방법을 글로 작성하고 이를 직접 확인하면서 갈등을 대하는 자신의 행동 패턴을 발견할 수 있다. 챗GPT를 활용해 대한민국 중학생들이 가장 자주 겪는 갈등 상황 5가지를 정리하고, 이를 활동지로 제작해 학생들에게 제공할 수 있다.

교사 질문:
"대한민국 중학생들이 가장 자주 겪는 갈등 상황 5가지를 구체적인 상황으로 알려 줘."

ChatGPT의 답변:
대한민국 중학생들이 겪을 수 있는 갈등 상황을 구체적인 예시로 설명해 드리겠습니다. 아래는 이를 구체적인 상황으로 정리한 내용입니다.

1. 또래 관계에서의 갈등: 친구 문제와 왕따
상황: A 학생은 친구들과 잘 지내고 싶지만 특정 친구가 무리에서 자신을 의도적으로 따돌리는 행동을 합니다. 예를 들어, 단톡방에서 대화를 일부러 배제하거나 학교에서 놀리며 소외감을 느끼게 합니다.
결과: A 학생은 상처받고, 점점 자존감이 낮아지며 학교생활이 힘들어집니다.

2. 가족과의 갈등: 부모님의 기대와 나의 현실
상황: B 학생은 학원에 다니며 학업에 열중하지만 성적이 기대만큼 나오지 않아 부모님으로부터 잦은 잔소리와 비교를 듣습니다. "너, 왜 이모네 딸처럼 공부를 못하니?" 같은 말에 좌절감을 느낍니다.
결과: B 학생은 부모님과 대화하려는 의욕을 잃고 부모님과의 거리가 점점 멀어집니다.

3. 학업 스트레스와 시험 압박
상황: C 학생은 학교와 학원, 숙제와 시험공부로 바쁜 일상을 보내며 충분한 휴식을 취하지 못합니다. 한 번의 시험에서 기대 이하의 성적을 받자, 자신을 심하게 자책합니다.
결과: C 학생은 불안과 스트레스가 심해지고, 심지어 공부를 포기하고 싶다는 생각을 하기도 합니다.

4. 선생님과의 갈등: 불공평하다고 느껴지는 대우
상황: D 학생은 교실에서 선생님이 특정 학생들에게만 질문하거나 칭찬하고, 자신은 무시당한다고 느낍니다. 발표를 잘했음에도 선생님이 자신의 이름을 틀리게 부르는 일이 반복됩니다.
결과: D 학생은 선생님에 대한 신뢰를 잃고, 학교 수업에 점점 흥미를 잃게 됩니다.

5. 개인 정체성과 자아존중감 문제
상황: E 학생은 외모나 체형에 대한 또래들의 무심한 농담에 상처를 받습니다. 특히 SNS에서 친구들이 올린 사진 속 자신과 비교하며 자신을 점점 더 초라하게 느낍니다.
결과: E 학생은 자존감이 낮아지고, 학교생활에서도 소극적으로 되어 사람들을 피하게 됩니다.

★ 챗GPT의 답변이 마음에 들지 않을 경우, 질문을 처음부터 다시 작성할 필요 없이 프롬프트를 편집하여 새로운 답변을 받을 수 있다.

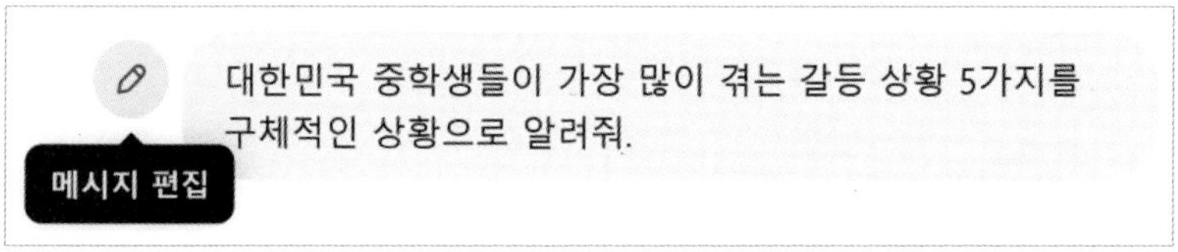

대한민국 중학생들이 가장 많이 겪는 갈등 상황 5가지를 구체적인 상황으로 알려줘.

메시지 편집

기존에 입력한 프롬프트 창의 왼쪽에 “ ” 모양 버튼(메시지 편집 버튼)이 있다.
이 버튼을 클릭하면 프롬프트 수정이 가능하다.

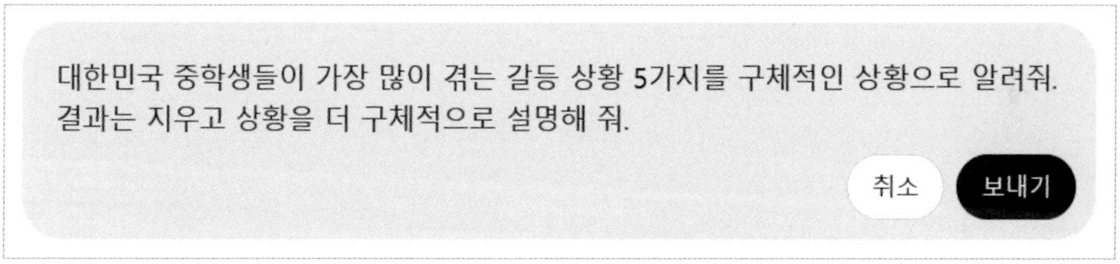

대한민국 중학생들이 가장 많이 겪는 갈등 상황 5가지를 구체적인 상황으로 알려줘.
결과는 지우고 상황을 더 구체적으로 설명해 줘.

취소 보내기

프롬프트를 수정하고, “보내기” 버튼을 누르면 새 답변이 생성된다.

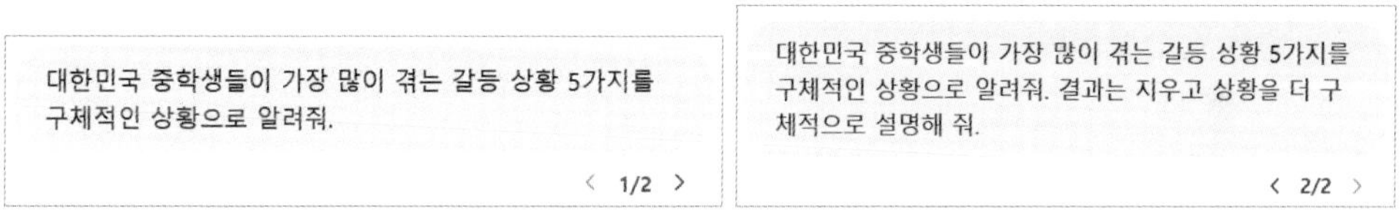

대한민국 중학생들이 가장 많이 겪는 갈등 상황 5가지를 구체적인 상황으로 알려줘.

< 1/2 >

대한민국 중학생들이 가장 많이 겪는 갈등 상황 5가지를 구체적인 상황으로 알려줘. 결과는 지우고 상황을 더 구체적으로 설명해 줘.

< 2/2 >

“< , >” 모양 버튼을 누르면 수정 전과 후의 메시지를 번갈아 확인할 수 있다.
이 기능을 통해 프롬프트를 쉽게 편집하고 답변을 비교할 수 있다.

활동지를 통해 학생들에게 갈등 상황을 제시하고, 그 상황에서 느낀 감정과 해결 방법을 적게 하자. 그런 다음 작성한 내용을 바탕으로 자신의 감정 반응 패턴을 생각해 보게 하자.

[활동지 예시]

갈등 상황 예시	느낀 감정	갈등 해결 방법
친구 문제와 왕따	(예시) 외로움과 소외감이 느껴지고 내가 부족하다고 자책할 것 같다.	(예시) 힘들지만 어떻게 해결해야 할지 엄두가 안 나서 상황을 회피할 것 같다.
부모님의 기대와 나의 현실	(예시) 부모님을 실망하게 했다는 죄책감과 나의 노력을 인정받지 못했다고 느껴서 억울할 것 같다.	(예시) 부모님과는 대화하지 않고 방에서 혼자 시간을 많이 보낼 것 같다.
학업 스트레스와 시험 압박	(예시) 시험에서 계속 실패할 것 같은 불안과 두려움이 클 것 같다.	(예시) 친구에게 고민 상담을 하고 공부 시간을 더 늘릴 것 같다.
선생님과의 갈등	(예시) 내가 무시당하고 있다는 생각이 들 것 같다.	(예시) 혼자 속앓이를 계속할 것 같다.
개인 정체성과 자아 존중감 문제	(예시) 자신감이 떨어지고 계속 다른 친구들과 내 외모를 비교할 것 같다.	(예시) 나를 아무도 모르는 온라인 커뮤니티에 익명으로 글을 올리며 조언을 얻을 것 같다.

갈등 상황에서 나는 주로 어떤 감정을 느끼나요?
(예시) 불안을 자주 느끼며, 다른 사람들의 생각과 감정에 의존을 많이 하는 것 같다.

나는 주로 갈등을 어떤 방법으로 해결하나요?
(예시) 갈등을 주로 피하거나 감정을 억누르고 혼자서 조용히 문제를 해결하려고 하는 편이다.

활동지를 작성하며 학생들은 갈등을 대하는 자신의 행동 패턴을 파악하게 될 것이다. 여기서 끝나지 않고 지금부터 교과서 속 도덕적 인물에게 감정 코칭을 받으며 자신의 행동 패턴을 되돌아보는 방법을 살펴보자.

[도덕적 인물 찾기]

학생들은 자신과 비슷한 성격의 인물로부터 조언과 지지를 받을 때 마음을 더 쉽게 연다. 그래서 도덕 교과서 속 인물 중 자신과 유사한 성격 유형(MBTI [11])을 가진 인물에게 감정 코칭을 받는 것이 효과적이다. 학생들은 챗GPT를 활용해 자신과 같은 MBTI 유형의 인물을 찾아 가상 대화를 나누며 감정 코칭을 받을 수 있다.

※ 이를 위해 학생들은 자신의 MBTI를 미리 알고 있어야 한다. 사전 공지를 통해 학생들이 자신의 MBTI를 알아 올 수 있도록 안내한다.

학생들은 도덕 교과서를 살펴보며 챗GPT에 질문을 던져 자신과 같은 MBTI 유형의 인물을 찾는다. 챗GPT에 던질 질문의 예시는 다음과 같다.

질문 예시

1. "소크라테스의 MBTI 유형은 무엇일까?"
2. "도덕적 인물 중 MBTI가 ISFP에 가까운 사람은 누가 있을까?"

MBTI는 자기 보고형 성격 검사이기 때문에 역사적 인물의 MBTI를 정확히 판단하기는 어렵다. 중요한 것은 도덕적 인물에게 감정 코칭을 받는 경험이므로 정확한 MBTI를 찾아야 한다는 부담감은 덜어도 된다. 같은 인물이지만 학생마다 다른 MBTI 유형으로 볼 수 있음을 이해하고 교사는 학생들이 어려워할 경우 참고할 수 있도록 아래 표(챗GPT를 활용해 만든 도덕적 인물 MBTI)를 준비해 활동을 지원한다.

11) MBTI는 개인의 성격 유형을 16가지로 분류하는 검사이다. 청소년들은 자신과 같은 성격 유형의 또래에게 소속감을 느끼며, MBTI를 통해 타인의 성격을 이해하기도 한다. 청소년들에게 익숙한 MBTI를 활용해 감정 코칭을 한다면 학생들은 더욱 흥미를 갖고 활동에 참여할 것이다.

도덕적 인물	MBTI	도덕적 인물	MBTI
ISTJ 이마누엘 칸트	칸트는 도덕적 원칙을 중요하게 생각하며, 윤리학에서 엄격한 규칙과 정언 명령을 강조했습니다. 이러한 특성은 ISTJ 유형의 전통적이고 책임감 있는 성향과 잘 맞습니다.	**ESTP 넬슨 만델라**	넬슨 만델라는 현실적인 문제를 해결하기 위해 행동하며, 상황에 맞춰 빠르게 적응하고 사람들과 직접적인 소통을 통해 변화를 끌어냈습니다. 이는 ESTP 유형의 실용적 사고, 적응력, 그리고 사회적 영향력을 발휘하는 성향과 유사합니다.
ISFJ 공자	공자는 전통과 예의를 중시하며 사회적 조화를 강조했습니다. 이는 ISFJ 유형의 전통을 존중하고 사람들과의 조화를 추구하는 성향과 일치합니다.	**ESFP 마틴 루서 킹 주니어**	마틴 루서 킹 주니어는 사람들과 강하게 교감하며, 감정적으로 호소하는 연설로 많은 사람을 이끌고 영감을 주었습니다. 이는 ESFP 유형의 사교적이고 열정적인 성향, 감정 표현을 통한 영향력, 그리고 타인을 동기 부여하는 능력과 유사합니다.
INFJ 장기려	장기려 박사는 깊은 공감 능력과 헌신적인 자세로 의료 활동을 펼쳤습니다. 가난한 사람들을 위해 무료 진료를 제공하며 이타적인 삶을 살았습니다. 이러한 특성은 INFJ 유형의 공감, 이상주의, 타인을 돕고자 하는 강한 의지와 잘 맞습니다.	**ENFP 말라라 유사프자이**	말라라 유사프자이는 자신의 신념을 바탕으로 여성 교육의 중요성을 강력히 주장하며, 열정적으로 사람들에게 영감을 주고 변화의 필요성을 강조했습니다. 이는 ENFP 유형의 이상주의, 창의적 문제 해결, 그리고 사람들과의 관계를 통해 세상을 변화시키려는 성향과 유사합니다.
INTJ 마리 퀴리	마리 퀴리는 과학적 발견과 혁신을 추구하며, 방사선 연구에서 체계적인 접근과 철저한 실험을 통해 새로운 지식을 개척했습니다. 이는 INTJ 유형의 전략적 사고, 독립적인 연구, 목표를 달성하기 위한 분석적 사고와 유사합니다.	**ENTP 마하트마 간디**	마하트마 간디는 비폭력 저항 운동을 통해 창의적으로 사회적 변화를 끌어냈고, 사람들을 설득하며 논쟁을 통해 사상을 발전시켰습니다. 이러한 특성은 ENTP 유형의 창의적이고 논리적인 성향과 유사합니다.

ISTP 안중근	안중근은 위기 상황에서 신속하고 과감한 결단을 내리고, 실질적인 행동으로 목표를 이루기 위해 노력했습니다. 이는 ISTP 유형의 실용적 사고, 문제 해결 중심의 성향, 그리고 즉각적인 행동력과 유사합니다.	**ESTJ 이순신**	이순신은 조직적이고 체계적인 지도력으로 군을 이끌며, 엄격한 규율과 효율적인 전략을 통해 전투에서 승리를 거두었습니다. 이는 ESTJ 유형의 현실적이고 실용적인 접근, 강한 책임감, 그리고 목표 달성을 위한 철저한 계획 성향과 유사합니다.
ISFP 헬렌 켈러	헬렌 켈러는 자신의 감정을 깊이 이해하고, 감각적 경험을 통해 세상을 탐구하며 타인과의 공감을 바탕으로 사회적 약자를 위해 헌신했습니다. 이는 ISFP 유형의 감정적 깊이, 예술적 감수성, 그리고 개인적인 신념을 따라 행동하는 특성과 유사합니다.	**ESFJ 테레사 수녀**	테레사 수녀는 타인을 돌보는 데 헌신하며, 사람들의 필요에 민감하게 반응하고 따뜻한 마음으로 도움을 주었습니다. 이는 ESFJ 유형의 사교적이고 배려심 많은 성향, 공동체를 위한 봉사, 그리고 타인에게 정서적 지원을 제공하는 능력과 유사합니다.
INFP 유관순	유관순은 자신의 내면의 신념과 가치에 따라 행동하며, 조국의 독립을 위한 투쟁에 헌신적으로 참여했습니다. 이는 INFP 유형의 강한 이상주의, 개인적 가치에 대한 헌신, 그리고 정의와 자유를 추구하는 성향과 유사합니다.	**ENFJ 맹자**	맹자는 인간의 본성을 선한 것으로 보고, 도덕적 가르침을 통해 사회를 개선하려고 했습니다. 이는 ENFJ 유형의 지도력, 도덕적 지도, 그리고 사람들을 이끄는 능력과 유사합니다.
INTP 소크라테스	소크라테스는 끊임없는 질문과 논리적 대화를 통해 진리를 탐구했으며, 이는 INTP 유형의 논리적 사고, 지적 호기심, 이론적 탐구 성향과 유사합니다.	**ENTJ 율곡 이이**	율곡 이이는 논리적이고 체계적인 사고로 개혁적인 정책을 제안하며, 효율적이고 강력한 지도력을 통해 국가의 변화를 주도하려 했습니다. 이는 ENTJ 유형의 전략적 계획, 조직적 지도력, 그리고 목표 달성을 위한 강한 추진력과 유사합니다.

★ 챗GPT를 활용해 위의 표를 수정 가능한 파일로 다운로드하는 법

QR코드를 스캔해 위의 표(도덕적 인물 MBTI) 이미지를 다운로드할 수 있다.

QR코드를 사용하지 않고 표를 직접 사진으로 촬영해도 괜찮다.

QR check!

도덕적 인물 MBTI

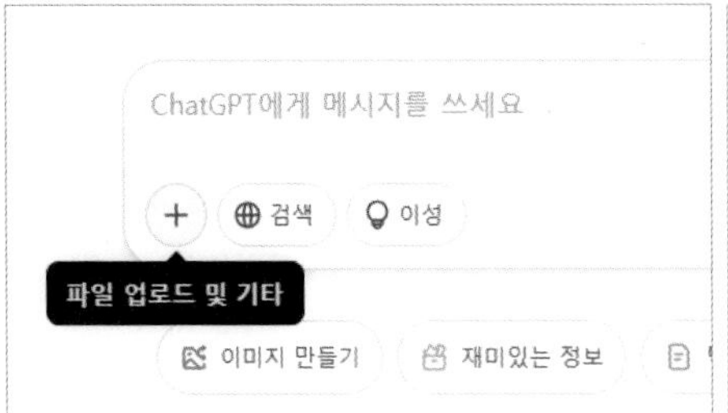

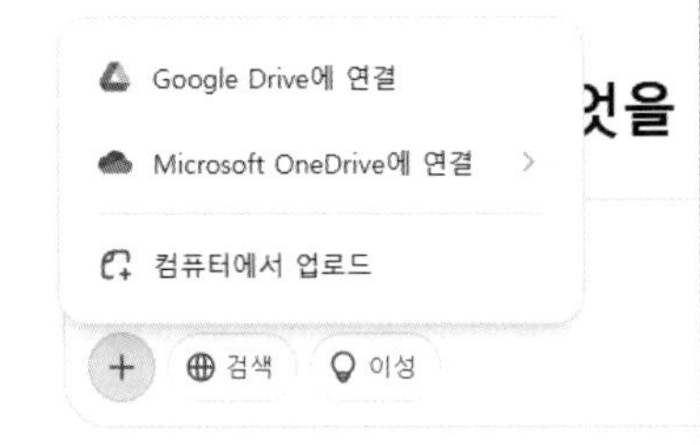

대화창 바로 왼쪽 아래에 있는 " + " 모양 버튼(파일 업로드 및 기타 버튼)을 클릭한다.

" 컴퓨터에서 업로드"를 누르고 이미지(도덕적 인물 MBTI) 파일을 올린다.

교사 질문:
"이미지의 내용을 표로 만들어 줘."

ChatGPT의 답변:

아래는 사진의 내용을 표로 정리한 결과입니다:

도덕적 인물	MBTI	설명	도덕적 인물	MBTI	설명
이마누엘 칸트	ISTJ	도덕적 원칙을 중시하며 윤리학에서 엄격한 규칙과 책임감을 강조. 전통적이고 책임감 있는 성향.	넬슨 만델라	ESTP	현실적 문제를 해결하며 변화와 적응을 통해 소통을 잘 이끌어냄. 실행력과 사회적 영향력 높은 성향.
공자	ISFJ	전통과 예의를 중시하며 사회적 조화를 강조. 사람들과의 조화를 위해 세심하고 조화로운 태도를 유지.	마틴 루서 킹 주니어	ESFP	사람들을 하나로 모으고, 자유와 권리를 위해 열정적으로 행동. 사교적이고 긍정적인 성격.

교사 질문:
"이 표를 저장 가능한 엑셀 파일로 만들어 줘."

ChatGPT의 답변:

요청하신 내용을 엑셀 파일로 저장했습니다. 아래 버튼을 클릭하여 다운로드할 수 있습니다.

도덕적_인물_MBTI.xlsx 다운로드

답변 중 파란색 글자로 표시된 "도덕적_인물_MBTI.xlsx 다운로드"를 클릭하면 다운로드가 실행된다. 저장된 엑셀 화면은 다음과 같다.

A1 | 도덕적 인물 1

	A	B	C	D	E	F	G	H	I	J
1	덕적 인물	MBTI 1	내용 1	덕적 인물	MBTI 2	내용 2				
2	이마누엘	ISTJ	칸트는 도	넬슨 만델	ESTP	넬슨 만델라는 현실적인 문제를 해결하기 위해 행동하				
3	공자	ISFJ	공자는 전	마틴 루서	ESFP	킹 목사는 사람들 앞에서 영감을 주는 연설을 잘하며,				
4	장기려	INFJ	장기려 박	말라라 유	ENFP	말라라는 약자들을 자신의 신념을 바탕으로 보호하며,				
5	마리 퀴리	INTJ	마리 퀴리	마하트마	ENTP	마하트마 간디는 비폭력 투쟁의 창의적 접근을 통해 사				
6	안중근	ISTP	안중근은	이순신	ESTJ	이순신은 조직적이고 체계적인 지도력으로 군을 이끌며				
7	헬렌 켈러	ISFP	헬렌 켈러	테레사 수	ESFJ	테레사 수녀는 타인을 돕는 데 헌신하며, 사람들의 필요				
8	유관순	INFP	유관순은	마땅	ENFJ	명자는 인간의 본성을 선한 것으로 보고, 도덕적 가르침				
9	소크라테스	INTP	소크라테스	율곡 이이	ENTJ	율곡은 논리적이고 체계적인 사고로 개혁적인 접근을				

★ 챗GPT는 이미지 속 한글을 인식해 다운로드 가능한 파일로 변환하는 기능을 제공한다. 이를 활용하면 책 속의 다양한 활동지를 수정 가능한 파일로 만들어 활용할 수 있다. (챗GPT를 활용해 위의 표를 수정 가능한 파일로 다운로드하는 법 참조)

학생들이 자신과 MBTI 유형이 같은 도덕적 인물을 찾았다면 이제 도덕적 인물과 대화를 시작할 시간이다.

5) 챗GPT와 함께하는 MBTI 고민 상담소

먼저 활동지에 자신의 현재 가장 큰 고민을 적게 하고 원래의 나라면 어떤 감정을 느끼고 해결 방법은 무엇인지 적게 한다. 그다음 챗GPT를 통해 자신과 MBTI 유형이 같은 도덕적 인물은 나의 현재 고민에 어떻게 반응하는지 알아보도록 한다.

학생 질문:
"학교에서 동아리를 정하는데 나랑 가장 친한 친구 두 명은 같은 동아리로 배정이 되고, 나 혼자 떨어지게 되었어. 나의 동아리에 아는 친구가 아무도 없을까 걱정이 되고, 두 친구만 너무 친해질까 봐 걱정돼. 동아리 시간이 다가오는 게 엄청 불안하고, 동아리가 시작되면 쉬는 시간마다 친구들이 있는 동아리 교실에 가서 기웃거릴 것 같아. INTP로 나와 MBTI 유형이 같은 소크라테스라면 어떻게 했을 것 같아?"

ChatGPT의 답변:
만약 소크라테스가 INTP 유형이라면, 그는 이 상황에서 다음과 같은 방식으로 대처했을 가능성이 큽니다:

상황 분석: INTP 유형은 논리적이고 분석적인 사고를 좋아합니다. 소크라테스라면 자신의 감정을 먼저 분석하며, 왜 이러한 불안과 걱정을 느끼는지 스스로 이해하려고 노력했을 것입니다. 예를 들어, "내가 친구들과 떨어진 것에 대해 이렇게 걱정하는 이유는 무엇일까?"라고 자문하면서 자신의 감정을 탐구했을 것입니다.

내면적 반성: INTP 유형은 내면에서 문제를 해결하려는 경향이 있습니다. 소크라테스라면 혼자 떨어진 상황을 통해 자신의 독립성을 기르고, 자신만의 시간을 어떻게 활용할지 고민했을 것입니다. 그는 친구들과 떨어진 것이 꼭 나쁜 것만은 아니라고 생각하고, 이를 통해 자신에게 주어진 시간과 공간을 새로운 시각에서 보려 했을 것입니다.

새로운 경험 탐색: INTP 유형은 새로운 아이디어와 경험을 탐구하는 것을 좋아합니다. 소크라테스라면 새로운 동아리에서 다른 사람들과의 관계 형성을 도전으로 받아들이고, 이를 통해 새로운 사람들과의 소통을 시도했을 것입니다. 그는 "이 동아리에서 어떤 흥미로운 것들을 배울 수 있을까?"라며 긍정적으로 접근했을 가능성이 큽니다.

논리적 접근으로 감정 처리: INTP 유형은 감정보다 논리를 우선시하는 경향이 있습니다. 소크라테스라면 친구들이 같은 동아리에 가게 된 상황을 감정적으로 받아들이기보다는 논리적으로 생각하며 "친구들이 더 친해진다 해도 그것이 우리의 우정을 없애는 것은 아니야. 나는 내 방식대로 새로운 사람들과 어울리고, 그들을 이해해 나갈 거야."

라고 생각했을 것입니다.

결론적으로, INTP 유형의 소크라테스는 이 상황에서 자신의 감정을 논리적으로 분석하고, 새로운 환경을 탐구하려는 자세로 접근했을 가능성이 큽니다. 그는 상황을 객관적으로 바라보며 자신만의 방식으로 문제를 해결하려고 했을 것입니다.

[활동지 예시]

이 활동지 역시 사진을 찍고 챗GPT에 이미지를 첨부하여 수정 가능한 파일로 다운로드할 수 있다. (챗GPT를 활용해 위의 표를 수정 가능한 파일로 다운로드하는 법 참조)

나의 현재 고민	(예시) 동아리를 정하는데 나랑 가장 친한 친구 두 명은 같은 동아리로 배정이 되고 나 혼자 떨어져서 동아리에 아는 친구가 아무도 없고, 두 친구만 너무 가까워질까 봐 걱정된다.
원래의 나라면	(예시) 동아리 시간이 오는 게 엄청 불안할 것 같고 쉬는 시간마다 친구들이 있는 동아리 교실에 가서 기웃거릴 것 같다.
도덕적 인물의 감정 코칭	(예시) **[상황 분석]** INTP 유형은 논리적이고 분석적인 사고를 좋아한다. 소크라테스라면 "내가 친구들과 떨어진 것에 대해 이렇게 걱정하는 이유는 무엇일까?"라고 질문하면서 자신의 감정을 탐구했을 것이다. **[내면적 반성]** INTP 유형은 내면에서 문제를 해결하려는 경향이 있다. 소크라테스라면 혼자 떨어진 상황을 통해 자신의 독립성을 기르고, 자신만의 시간을 어떻게 활용할지 고민했을 것이다. **[새로운 경험 탐색]** INTP 유형은 새로운 아이디어와 경험을 탐구하는 것을 좋아한다. 소크라테스라면 새로운 동아리에서 다른 사람들과의 관계 형성을 도전으로 받아들이고, 이를 통해 새로운 사람들과의 소통을 시도했을 것이다.

	[논리적 접근으로 감정 처리] INTP 유형은 감정보다 논리를 우선시하는 경향이 있다. 소크라테스라면 "친구들이 더 친해진다 해도, 그것이 우리의 우정을 없애는 것은 아니야. 나는 내 방식대로 새로운 사람들과 어울리고 그들을 이해해 나갈 거야."라고 생각했을 것이다.
감정 코칭을 받은 후 느낀 점	(예시) 소크라테스의 감정 코칭을 받으며 나도 새로운 상황에 좀 더 열린 마음으로 다가가야겠다는 다짐을 했다. 처음에는 낯설고 불안할 수 있지만, 새로운 친구를 사귀고 다양한 경험을 할 좋은 기회일 수도 있겠다는 생각을 했다. 소크라테스처럼 호기심을 갖고 적극적으로 행동한다면 나도 많은 것을 배울 수 있을 것 같다.

챗GPT를 활용하여 도덕적 인물과 가상 대화가 가능해져 학생들은 부모, 교사, 친구 이외의 새로운 감정적 지지자를 얻을 수 있게 되었다. 인공지능이 감정의 깊이와 복잡성을 인간처럼 완전히 이해하지는 못하겠지만, 교사의 피드백과 함께 적절하게 수업에 사용한다면 기존 감정 수업의 한계를 극복하고 훨씬 더 다채로운 수업을 구상할 수 있다.

챗GPT로 도덕적 딜레마 수업하기

1) 모둠 정하기	2) 주제 정하기	3) 도덕적 딜레마 만들기	4) 발표하기	5) 토론 및 논의 심화시키기

우리는 영화나 소설에서 인공지능이 발달하면서 발생하는 문제를 다룬 이야기를 쉽게 접할 수 있다. 그런데 이런 미래가 현실이 된다면 어떨까? 실제로 우리나라에서도 사람의 개입이 없는 완전 자율주행 시스템이 장착된 자동차가 도입되었을 때 윤리적 판단을 기계가 대체하게 되는 상황에 대비하여, 윤리적 판단의 기본 가치와 윤리 원칙을 제시하기 위해 자율주행 자동차에 대한 윤리 가이드라인이 제시된 바 있다. 인공지능의 역할이 윤리적 판단으로까지 넓어지고 있는 상황에서 우리는 어떤 윤리 기준을 세워야 할까? 그리고 인공지능의 선택을 신뢰할 수 있을까?

이 장에서는 '인공지능과 윤리적 선택'이라는 주제로 챗GPT를 활용한 도덕적 딜레마 수업을 소개하고자 한다. 이 수업은 여러 가치들이 얽힌 상황에서 도덕적 가치와 기준을 어떻게 적용할지 탐구하고 이해하는 시간이 될 것이다. 또한, 챗GPT를 활용함으로써 기술 발전이 가져올 윤리적 문제까지 함께 고민해볼 수 있다.

1) 모둠 정하기

챗GPT를 활용한 도덕적 딜레마 수업은 모둠 수업 형식으로 진행된다. 모둠 구성 방법은 다양하지만, 여기서는 챗GPT를 활용한 두 가지 방법을 소개하고자 한다. 한 학급에 24명의 학생이 있고, 6모둠으로 구성하는 것을 기준으로 했다.

① 모둠을 랜덤하게 정하는 방법

학급의 전체 학생들의 이름이나 번호를 입력하고 원하는 모둠 수를 입력하면 챗GPT가 랜덤으로 학생들을 나눠 주어 모둠을 구성할 수 있다.

교사 질문:
"1번부터 24번까지 학생들을 4명이 한 모둠이 되게 랜덤으로 배정해 줘."

ChatGPT의 답변:
랜덤으로 배정된 모둠 구성은 다음과 같습니다:

모둠 1: 학생6, 학생12, 학생14, 학생7
모둠 2: 학생22, 학생23, 학생5, 학생11
모둠 3: 학생20, 학생21, 학생3, 학생18
모둠 4: 학생15, 학생8, 학생2, 학생10
모둠 5: 학생24, 학생19, 학생17, 학생4
모둠 6: 학생1, 학생13, 학생16, 학생9

추가 수정이 필요하면 말씀해 주세요!

이때 모둠의 성비를 맞추고 싶은 경우는 여학생, 남학생을 구분하여 랜덤하게 배정할 것을 요구할 수도 있다. 그리고 그것을 표로 정리해 달라고 요청하면 배정한 내용을 표로 정리해 준다. 그리고 엑셀파일로 만들어 달라고 요구할 수도 있다.

교사 질문:
"1번부터 12번까지는 여학생이고, 13번부터 24번까지는 남학생이야. 성비에 맞게 4명이 한 모둠이 되도록 랜덤하게 배정한 후에 여학생, 남학생을 구분해서 표로 정리해 줘. 그리고 엑셀 파일로 만들어 줘."

ChatGPT의 답변: 성비를 맞춘 모둠 배정을 완료하고 결과를 엑셀 파일로 정리했습니다. 아래 링크를 클릭하여 파일을 다운로드하세요:

모둠 배정표 다운로드

추가 요청이 있으면 말씀해 주세요!

챗GPT의 답변의 내용에서 파란색으로 적힌 "모둠 배정표 다운로드" 버튼을 누르면 엑셀을 다운로드하여 저장할 수 있다. 저장된 엑셀 화면은 다음과 같다.

	A	B	C	D	E	F	G
1	모둠	여학생	남학생				
2	모둠 1	학생9, 학생1	학생14, 학생21				
3	모둠 2	학생3, 학생10	학생23, 학생13				
4	모둠 3	학생2, 학생6	학생20, 학생17				
5	모둠 4	학생4, 학생7	학생24, 학생16				
6	모둠 5	학생12, 학생11	학생19, 학생15				
7	모둠 6	학생5, 학생8	학생22, 학생18				
8							
9							

② 모둠원 일부를 먼저 정한 후, 나머지만 랜덤으로 정하는 방법

이 방법은 무임승차를 예방하고 열심히 하는 학생들의 동기를 높이기 위해 추천하는 방법이다. 먼저 모둠장을 자원 받고 그 학생에게 모둠원 1명을 선택할 수 있는 권한을 준 다음, 나머지 모둠원 2명은 랜덤으로 정하는 것이다. 만약 모둠장 지원자가 많거나 적다면, 이 활동을 다른 학생들보다 잘 이해하고 있고 컴퓨터 사용이 능숙한 학생을 교사가 직접 선택하여 모둠장 역할을 맡기면 모둠 활동이 원활하게 진행될 수 있을 것이다. 그리고 남은 학생들을 챗GPT로 각 모둠에 랜덤 배정하면 된다. 아래는 이름(별명)을 적어 배정하는 방법이다.

교사 질문:

"남학생: 가, 나, 다, 라, 마, 바, 여학생: 사, 아, 자, 차, 카, 타를 1~6모둠에 2명씩 랜덤으로 배정해 줘."

ChatGPT의 답변:

랜덤으로 배정한 6개의 모둠 구성은 다음과 같습니다:

1. 모둠 1: 남학생 - 마, 여학생 - 카
2. 모둠 2: 남학생 - 라, 여학생 - 차
3. 모둠 3: 남학생 - 바, 여학생 - 타
4. 모둠 4: 남학생 - 다, 여학생 - 자
5. 모둠 5: 남학생 - 나, 여학생 - 사
6. 모둠 6: 남학생 - 가, 여학생 - 아

필요한 수정이 있거나 다른 요청이 있으면 말씀해 주세요!

2) 주제 정하기

모둠 구성이 완료되었다면, 챗GPT를 활용하여 도덕적 딜레마가 담긴 이야기를 만들어 발표하기 위해 먼저 이야기가 펼쳐질 장소를 정해야 한다. 장소를 정할 때에도 챗GPT를 사용할 수 있는데, 교사가 수업 전에 미리 챗GPT를 사용하여 도덕적 딜레마 상황을 만들기 적합한 장소를 선정한 후 리스트를 만들어 학생들에게 제시해줄 수도 있고, 수업 중에 교사가 대표로 질문하는 것을 학생들에게 보여 주면서 장소를 함께 선정할 수도 있다.

교사 질문:
"도덕적 딜레마 상황이 일어날 수 있는 장소 10가지를 알고 싶어. 장소만 알려줄래?"

ChatGPT의 답변:
도덕적 딜레마 상황이 일어날 수 있는 장소 10가지는 다음과 같습니다:

1. 학교
2. 병원
3. 가정
4. 직장
5. 법정
6. 공원
7. 도로
8. 쇼핑몰
9. 식당
10. 인터넷 (온라인 공간)

이 장소들은 각각 다양한 도덕적 딜레마가 발생할 가능성이 있는 곳입니다.

3) 도덕적 딜레마 만들기

장소가 정해졌으면 모둠별로 그곳에서 일어날 수 있는 도덕적 딜레마 상황을 이야기로 만드는 시간을 가진다. 아래의 가이드라인을 참고하여 학생들에게 이야기를 만들도록 지도할 수 있다.

★ 이야기 구성을 위한 가이드라인

[상황 설정] 이야기의 배경이나 문제가 시작되는 상황은 무엇인가요? 어떤 장소에서 누가 등장하고, 어떤 일이 벌어지고 있는지 설명해 봅시다.

[딜레마] 이 상황에서 주인공(또는 관련 인물)이 고민하거나 선택해야 하는 어려운 문제는 무엇인가요? 그 이유는 무엇인가요?

[고민 요소] 주인공이 결정을 내릴 때 어떤 점들을 고민하고 있을까요? 선택에 영향을 주는 중요한 요소나 주인공의 감정은 어떤 것들이 있나요?

[결정] 주인공은 결국 어떤 결정을 내릴 수 있을까요? 그 결정으로 인해 어떤 결과가 생길 수 있을까요?

이때 학생들은 각자의 특성과 수준에 맞게 챗GPT의 도움을 받을 수 있다.

① 도덕적 딜레마 상황에 대한 아이디어가 있고 이야기를 만들기 좋아하는 모둠: 자신이 만든 이야기를 매끄럽게 다듬어 달라고 부탁하는 등의 방법으로 챗GPT를 활용할 수 있다.

질문 예시

1. "(모둠이 만든 이야기를 적은 후): 이 글을 매끄럽게 다듬어 줘."
2. "이 글에 도덕적 딜레마 상황이 잘 담겨 있어?"
3. "도덕적 딜레마 상황이 잘 드러날 수 있게 이 글을 보완해 줘."

② 아이디어는 있지만 이야기를 구체적으로 만들기 어려워하는 모둠:

이 경우 아래와 같이 대략적인 이야기를 만든 후 챗GPT에 피드백을 받으며 정교화할 수도 있다.

학생 질문:
"병원에서 의사가 누구를 먼저 치료할 것인지에 대한 도덕 딜레마 상황을 만들고 싶어. 한 명은 범죄자고 한 명은 피해자야. 어떻게 이야기를 풀어 나가면 좋을까? 형식은 [상황 설정], [딜레마], [고민 요소], [결정]으로 만들어 줘."

ChatGPT의 답변:
다음은 병원에서 의사가 누구를 먼저 치료할지에 대한 도덕적 딜레마 상황을 정리한 글입니다:

[상황 설정]
한 병원의 응급실에 범죄자와 피해자가 동시에 도착했다. 범죄자는 최근 폭행 사건을 저질러 도주하던 중 중상을 입었고, 피해자는 그 폭행 사건으로 인해 심각한 부상을 입었다. 두 사람 모두 생명이 위태로운 상태로 즉각적인 치료가 필요하지만, 의사는 한 번에 한 명만 치료할 수 있는 상황이다.

[딜레마]
의사는 누구를 먼저 치료할지 고민에 빠진다. 범죄자를 먼저 치료하면 그 생명을 구할 수 있지만, 피해자는 더 큰 위험에 처할 수 있다. 반대로, 피해자를 먼저 치료하면 범죄자가 치료를 받지 못해 생명을 잃을 수 있다.

[고민 요소]
시간적 압박: 두 사람 모두 즉각적인 치료가 필요하다.
도덕적 판단: 범죄자를 구하는 것이 정의에 맞는가, 아니면 피해자의 생명을 우선해야 하는가?
의사의 의무: 모든 생명을 평등하게 다루어야 한다는 의사의 윤리적 책임.
사회적 반응: 어떤 결정을 내리든 사회적 비난과 논란이 따를 수 있다.

[결정]
의사는 결국 누구를 먼저 치료할 것인가? 이 결정은 어떤 결과를 초래할 것인가? 어떤

선택이 옳을지는 명확하지 않지만, 의사는 자신의 가치와 의무를 바탕으로 결정을 내려야 한다.

이 구조는 상황의 복잡성을 충분히 전달하며, 각 요소를 고려해 의사의 고민을 드러내는 데 도움이 됩니다.

여기서 챗GPT가 만든 이야기를 바로 발표할 수도 있지만, 교사의 피드백을 통해 또는 모둠원끼리 상의하여 도덕적 딜레마 상황이 되기에는 결정이 쉬운 이야기가 아닌지 비판적으로 생각해 볼 필요가 있다. 이처럼 교사는 학생들에게 챗GPT가 만들어 준 내용을 무작정 받아들이기보다는 이 이야기가 적합한지 한 번 더 확인해 보는 작업이 필요하다는 것을 알려 줘야 한다.

학생 질문:
"결정이 너무 쉬운 이야기는 아닐까?"

ChatGPT의 답변:
맞습니다. 현재 상황에서는 피해자를 우선하는 결정이 상대적으로 쉽게 이해될 수 있습니다. 이야기를 더 복잡하고 흥미롭게 만들기 위해 몇 가지 요소를 추가해 보겠습니다:

1. 범죄자의 재활 가능성: 범죄자가 단순히 범죄자라는 이미지가 아니라 최근에 재활하며 지역 사회에 긍정적인 기여를 해온 사람이라면 의사의 결정은 더욱 어려워집니다. 예를 들어, 이 범죄자는 과거에 실수를 했지만 최근에는 봉사 활동을 하며 새로운 삶을 살아가고 있었다고 설정할 수 있습니다.

2. 피해자의 상태와 사회적 위치: 피해자가 단순한 피해자가 아니라 지역사회에서 중요한 인물이라면 결정을 내리기 더욱 어려워질 수 있습니다. 예를 들어, 피해자가 지역 학교의 교사로 많은 학생들에게 영향을 미치는 사람이라면 의사가 더욱 신중해질 수 있습니다.

3. 의사의 개인적 관계: 의사가 범죄자와 과거에 상담을 했거나 그를 재활 프로그램에서 도운 적이 있어 개인적인 감정이 개입된다면 결정을 내리기가 더욱 복잡해집니다.

4. 추가 정보: 범죄자의 과거 범죄로 인해 가족이 억울하게 피해를 입은 사람이 의사의

친척이라면 감정적 갈등이 심해져 윤리적 판단이 더 어려워질 것입니다.
이러한 요소들을 추가하면 단순히 '범죄자 대 피해자'의 구조를 넘어, 독자나 청중이 다양한 관점에서 이해할 수 있는 깊이 있는 이야기로 발전할 수 있습니다.

이처럼 챗GPT가 학생 질문을 읽고 피드백을 해 주면 학생들은 챗GPT의 제안을 바탕으로 더 정교하고 흥미로운 도덕적 딜레마 상황을 만들 수 있다.

③ 이야기를 만들기 어려워하는 모둠:

챗GPT에 처음부터 장소에 맞는 딜레마 상황을 만들어 달라고 할 수도 있다. 이 방법은 도덕적 딜레마 상황을 만들 시간을 충분히 제공했음에도 이야기를 만들지 못하는 모둠에게만 최후의 수단으로 제시할 수 있는 방법이다.

학생 질문:
"학교에서 일어날 수 있는 도덕적 딜레마 상황에 대한 아이디어 좀 제시해 줘."

ChatGPT의 답변:
물론입니다. 학교에서 일어날 수 있는 도덕적 딜레마 상황 몇 가지를 제시해 보겠습니다:

1. 부정행위 목격: 한 학생이 시험 중에 친구가 부정행위를 하는 것을 목격합니다. 이 학생은 선생님에게 이를 보고해야 하는지, 아니면 친구의 장래와 관계를 생각해 묵인해야 할지 고민하게 됩니다. 만약 보고하지 않으면 시험의 공정성이 훼손될 수 있지만 친구를 보호하기 위해 침묵을 지킬 경우 나중에 죄책감을 느낄 수 있습니다.

2. 따돌림 방관: 한 학생이 다른 학생이 따돌림을 당하는 것을 자주 목격합니다. 이 학생은 피해자를 돕고 따돌림을 중지시키려 하지만 자신도 왕따가 될까 봐 두려워합니다. 행동하지 않으면 따돌림은 계속될 수 있지만, 개입할 경우 자신에게도 부정적인 영향이 미칠 수 있습니다.

3. 집단 과제: 팀 프로젝트를 진행하는 중 한 팀원이 전혀 참여하지 않고 책임을 다하지 않는 상황이 발생합니다. 팀장은 이 상황을 선생님에게 알리고 개인 점수에 반영되게 할지, 아니면 팀 전체의 점수를 위해 그 팀원을 도와줄지 고민합니다. 알리면 공평한 평가

가 이루어지지만 팀원 간의 갈등이 생길 수 있습니다.

4. 진로 상담: 한 학생이 진로 상담 시간에 선생님에게 자신의 꿈을 이야기하지만, 그 꿈이 현실적으로 어렵거나 비현실적이라고 생각되는 경우 선생님은 이 학생에게 현실적인 조언을 해 줄지, 아니면 학생의 꿈을 존중하고 격려할지 고민하게 됩니다. 현실적인 조언은 학생에게 실질적인 도움이 될 수 있지만 학생의 의욕을 꺾을 수도 있습니다.

5. 사생활 보호: 한 학생이 우연히 친구의 비밀을 알게 되었는데 그 비밀이 다른 친구들에게 영향을 줄 수 있는 상황입니다. 이 학생은 그 비밀을 공유해 문제를 해결할지, 아니면 친구의 사생활을 존중해 비밀을 지켜 줄지 고민합니다. 비밀을 공유하면 문제가 해결될 수 있지만 친구의 신뢰를 잃을 수도 있습니다.

이러한 상황들은 학생들이 학교생활 중에 실제로 직면할 수 있는 도덕적 딜레마로, 각 상황에서 학생들은 도덕적 가치와 사회적 관계를 고려하여 어려운 결정을 내려야 합니다.

학생 질문:
“5번의 딜레마 상황을 좀 더 구체적으로 만들어 줘”

ChatGPT의 답변:
물론입니다. 다음은 구체적으로 다듬은 딜레마 상황입니다:

한 학생이 우연히 친구가 시험 성적을 조작했다는 사실을 알게 되었습니다. 이 친구는 부모님의 압박 때문에 성적을 조작했으며, 그 결과로 장학금을 받게 되었습니다. 이 학생은 이 사실을 알고 나서 큰 고민에 빠지게 됩니다. 만약 이 비밀을 교사나 다른 친구들에게 알린다면 잘못된 행동이 바로잡히고 장학금이 정당한 학생에게 돌아갈 수 있습니다. 하지만 그렇게 하면 친구는 큰 처벌을 받을 수 있고, 그 친구와의 신뢰와 우정도 깨질 가능성이 큽니다. 반대로, 이 비밀을 지키면 친구의 사생활을 존중하고 우정을 유지할 수 있지만 잘못된 행동이 그대로 묵인되어 불공정한 결과가 계속될 수 있습니다. 이 학생은 친구의 신뢰를 지킬지, 아니면 상황을 바로잡기 위해 비밀을 공유할지 깊이 고민하게 됩니다.

이렇게 상황을 구체화하면 학생들이 더 쉽게 공감하고, 도덕적 딜레마의 복잡성을 이해할 수 있을 것입니다.

여기서 챗GPT는 친구가 시험 성적을 조작했다는 사실을 알리지 않는 것이 친구의 사생활을 존중해 주는 것이라고 설명하고 있다. 그러나 시험 성적을 조작하는 문제는 단순히 사생활로 연결 짓기에는 고려할 점이 많다. 여기서 교사가 개입하여 챗GPT의 답변에 어떤 문제가 있는지 학생들에게 찾아볼 수 있게 도와주어야 한다. 문제점을 찾았다면 교사가 챗GPT에 추가로 할 질문을 제시해 주거나 학생들이 스스로 질문할 수 있도록 시간을 줄 수 있다.

학생 질문:
"성적 조작이 사생활의 예가 될 수 있을까?"

ChatGPT의 답변:
성적 조작은 사생활이라기보다는 윤리적, 법적 문제에 더 가깝습니다. 사생활에 관한 예로는 적합하지 않으므로 사생활과 관련된 다른 상황으로 예를 바꾸는 것이 좋겠습니다. 다음은 사생활과 관련된 딜레마 상황의 수정된 예입니다:

한 학생이 우연히 친구의 가족 문제가 담긴 개인적인 일기장을 발견하게 되었습니다. 일기장에는 그 친구가 가정 내에서 겪고 있는 어려움과 이를 어떻게 해결하려고 하는지에 대한 깊은 고민이 담겨 있었습니다. 이 문제는 친구의 정신 건강이나 학교생활에 큰 영향을 미칠 수 있는 중요한 내용이었고, 이 학생은 만약 이 사실을 다른 친구들이나 상담교사에게 알린다면 친구가 필요한 도움을 받을 수 있을 것이라고 생각했습니다. 그러나 그렇게 할 경우 친구의 신뢰를 잃고, 친구가 사생활을 침해당했다고 느낄 수 있습니다. 반면, 이 비밀을 지키면 친구와의 신뢰는 유지되지만 친구가 이 문제를 혼자 감당해야 할지도 모릅니다. 이 학생은 친구의 사생활을 존중할지, 아니면 문제를 해결하기 위해 다른 사람들에게 알릴지 고민하게 됩니다.

이렇게 사생활과 관련된 예로 상황을 구체화하면 도덕적 딜레마의 본질을 더 명확하게 전달할 수 있습니다.

학생 질문:
"이 이야기를 [상황 설정], [딜레마], [고민 요소], [결정]의 형식으로 정리해 줘."

ChatGPT의 답변:
다음은 요청하신 이야기를 [상황 설정], [딜레마], [고민 요소], [결정]의 형식으로 정리한 것입니다:

[상황 설정]
한 학생이 우연히 친구의 개인적인 일기장을 발견했다. 일기장에는 친구가 가정 내에서 겪고 있는 어려움과 이를 해결하려는 깊은 고민이 담겨 있었다. 이 내용은 친구의 정신 건강과 학교생활에 큰 영향을 미칠 수 있는 중요한 문제였다.

[딜레마]
학생은 친구의 비밀을 상담 교사나 다른 친구들에게 알려 도움을 받을 수 있도록 할지, 아니면 친구의 사생활을 존중하고 비밀을 지킬지 고민에 빠진다. 도움을 요청하면 친구가 문제를 해결할 기회를 얻을 수 있지만, 친구의 신뢰를 잃고 사생활 침해로 느낄 수 있다. 반대로 비밀을 지키면 친구와의 신뢰는 유지되지만, 친구가 문제를 혼자 감당해야 할 위험이 있다.

[고민 요소]
친구의 신뢰: 비밀을 누설하면 친구와의 관계가 훼손될 수 있다.
도움의 필요성: 친구가 문제를 해결하지 못하고 더 심각한 상황에 빠질 가능성
양심의 무게: 친구가 도움을 받을 기회를 놓치는 것에 대한 걱정
사생활 보호: 친구가 사생활을 침해당했다고 느낄 가능성과 그에 따른 관계의 변화

[결정]
학생은 친구의 사생활을 존중하며 비밀을 지킬 것인가, 아니면 문제 해결을 위해 다른 사람에게 알릴 것인가? 어떤 선택이 친구의 안전과 신뢰 모두를 지킬 수 있을까?

이 정리된 이야기는 중학생들이 현실에서 마주할 수 있는 도덕적 딜레마를 이해하고 고민하는 데 도움이 될 것입니다.

이 과정에서 주의할 점은 학생들에게 챗GPT 사용을 완전히 맡겨 버려서는 안 된다는 것이다. 아래의 유의 사항을 참고하며 학생들이 챗GPT를 적절히 사용할 수 있도록 돕는다면 모든 학생이 챗GPT와의 대화를 통해 구체적인 도덕적 딜레마 상황을 만들어 낼 수 있을 것이다. 그리고 이를 바탕으로 더 풍부한 도덕적 딜레마 상황을 공

유할 수 있다.

※ 활동 시 유의 사항

1. 학생들에게 처음부터 챗GPT에 의존하도록 하기보다는 먼저 모둠끼리 소통하며 도덕적 딜레마 상황을 만들 수 있도록 충분한 시간을 주기
2. 챗GPT가 만들어 준 상황이 도덕적 딜레마에 적절하지 않을 수 있다는 것을 알려 주기
3. 교사가 모둠의 진행 상황을 세심히 관찰하면서 챗GPT를 어떻게 활용하면 좋을지, 어떤 질문이 도움이 될지 등의 적절한 피드백을 제공하기

4) 발표하기 (with 구글 프레젠테이션)

모둠별로 이야기를 완성했다면 이제는 학급에 공유할 차례다. 여기서 구글 프레젠테이션을 활용하면 모둠이 만든 이야기를 쉽게 수합하고 공유할 수 있다. 구글 프레젠테이션을 활용한 발표 방법은 다음과 같다.

① 학급별 구글 프레젠테이션 만들기

교사는 수업 전 미리 프레젠테이션을 만들고, 이를 수업 시간에 제공하여 학생들이 프레젠테이션 내용을 채울 수 있도록 도와주어야 한다. 이를 위해서는 먼저 구글에 로그인하여 프레젠테이션을 만들어야 한다.

구글 로그인 후, 상단에 "⠿"모양 버튼을 누르면 위 화면이 나온다.
여기서 "Slides(또는 프레젠테이션)"를 누른다.

프레젠테이션 화면. "빈 프레젠테이션"을 눌러 새로운 프레젠테이션을 만든다.

ChatGPT로 도덕적 딜레마 수업하기

<도덕적 딜레마 상황 만들기>

[활동 방법]

1. 모둠별로 조건에 맞게 도덕적 딜레마 상황을 만들어봅시다.

[상황설정] 이야기의 배경이나 문제가 시작되는 상황은 무엇인가요? 어떤 장소에서 누가 등장하고, 어떤 일이 벌어지고 있는지 설명해 봅시다.

[딜레마] 이 상황에서 주인공(또는 관련 인물)이 고민하거나 선택해야 하는 어려운 문제는 무엇인가요? 그 이유는 무엇인가요?

[고민 요소] 주인공이 결정을 내릴 때 어떤 점들을 고민하고 있을까요? 선택에 영향을 주는 중요한 요소나 주인공의 감정은 어떤 것들이 있나요?

[결정] 주인공은 결국 어떤 결정을 내릴 수 있을까요? 그 결정으로 인해 어떤 결과가 생길 수 있을까요?

2. ChatGPT를 활용하여 이야기를 다듬어 완성도를 높여보세요.
3. 완성한 내용을 자신의 모둠 슬라이드로 들어가서 작성하세요.
4. 이야기가 모두 완성되면 모둠 별로 돌아가며 발표합니다.
5. 발표가 끝나면 가장 흥미가 있는 딜레마 주제를 선정합니다.

[1모둠] 모둠원: ( ), ( ), ( ), ( )

[상황 설정]

[딜레마]

[고민 요소]

[결정]

슬라이드 내용 예시. 이처럼 활동 방법, 순서, 주의 사항 등을 적고 모둠별로 내용을 채울 수 있는 슬라이드를 나누어 주면 된다.

② 프레젠테이션 공유하기

프레젠테이션 양식을 다 만들었다면 학생들에게 공유해서 학생들이 발표 자료를 작성할 수 있게끔 해야 한다. 교사가 링크를 공유하면 학생들이 구글에 로그인하지 않아도 프레젠테이션에 발표 내용을 작성할 수 있다.

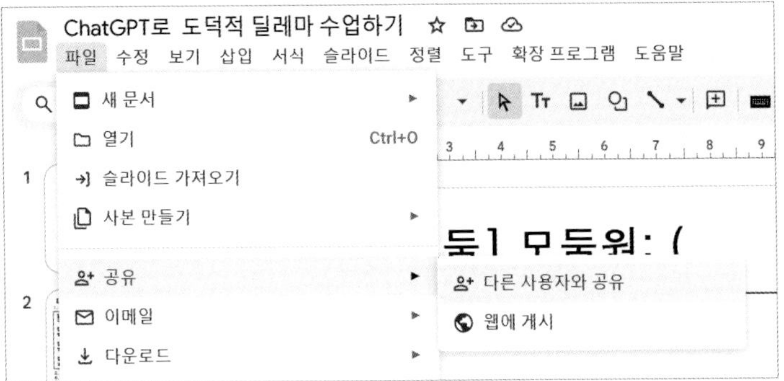

"파일" - "공유" - "다른 사용자와 공유"의 순서로 선택한다.

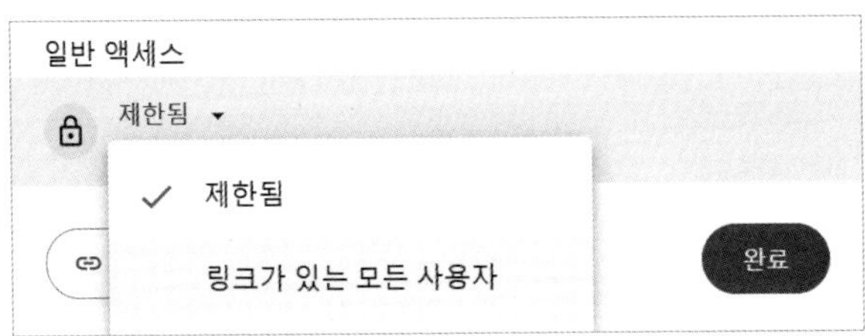

"다른 사용자와 공유" 버튼을 누르면 나오는 화면이다.
"제한됨" 버튼을 누르면 공유 설정을 바꿀 수 있는데 "링크가 있는 모든 사용자"를 선택한다.

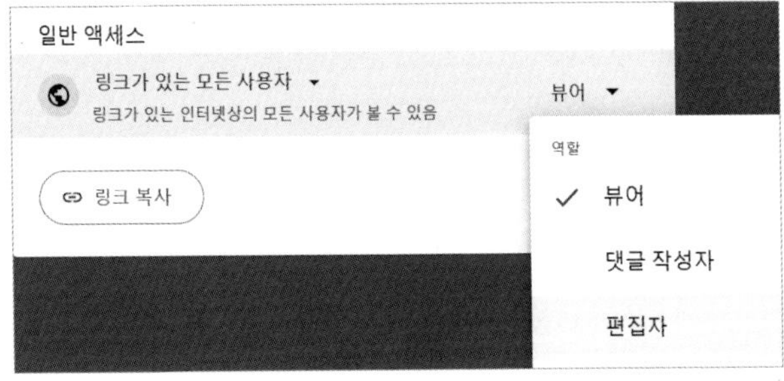

다음으로 오른쪽에 "뷰어"를 누르면 링크를 보는 사람들의 역할을 설정할 수 있다.
뷰어로 되어 있으면 학생들은 프레젠테이션을 볼 수만 있고 직접 작성할 순 없다.
학생들이 직접 프레젠테이션을 작성해야 하므로 "편집자"를 선택한다.

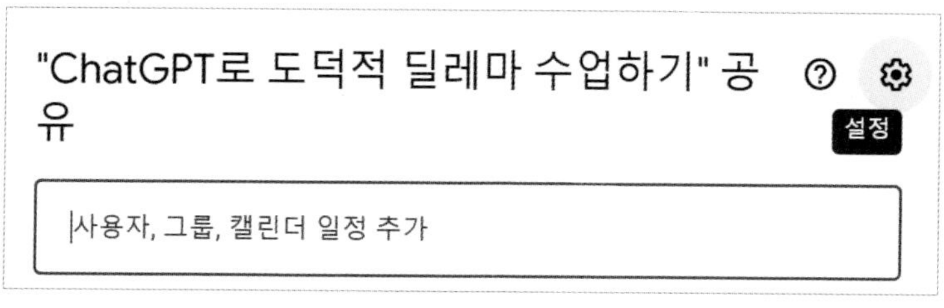

다시 상단을 보면 오른쪽에 "⚙" 모양 버튼(설정 버튼)이 있다.

← "ChatGPT로 도덕적 딜레마 수업하기"의 설정

☐ 편집자가 권한을 변경하고 공유할 수 있습니다.

☐ 뷰어 및 댓글 작성자에게 다운로드, 인쇄, 복사 옵션 표시

설정 버튼을 누르면 세부 설정 내용이 나오는데, 학생들이 편집하면서 프레젠테이션의 권한을 잘못 건드리는 것을 예방하기 위해서 아래 두 개의 체크박스를 해제하면 좋다.

공유 설정을 끝냈으면 사본 만들기를 통해 반별로 프레젠테이션을 만들어 두면 좋다. 학생들이 편집하다가 원본을 잘못 건드릴 수 있기 때문에 원본은 유지한 채 반별 사본 파일을 만드는 것을 추천한다.

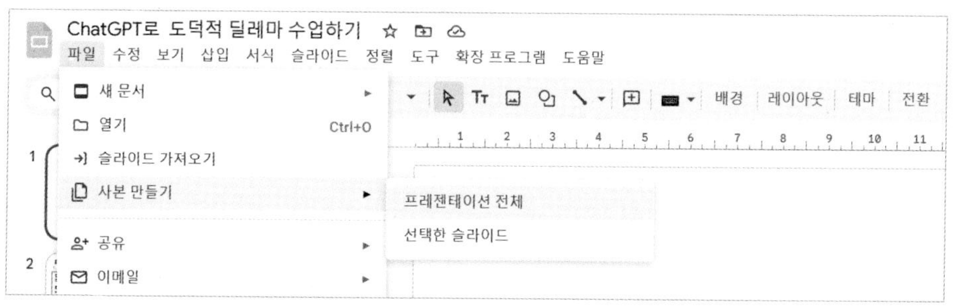

수업을 위한 프레젠테이션을 만든 후, "파일" - "사본 만들기" – "프레젠테이션 전체"를 누르면 프레젠테이션 사본을 만들 수 있다.

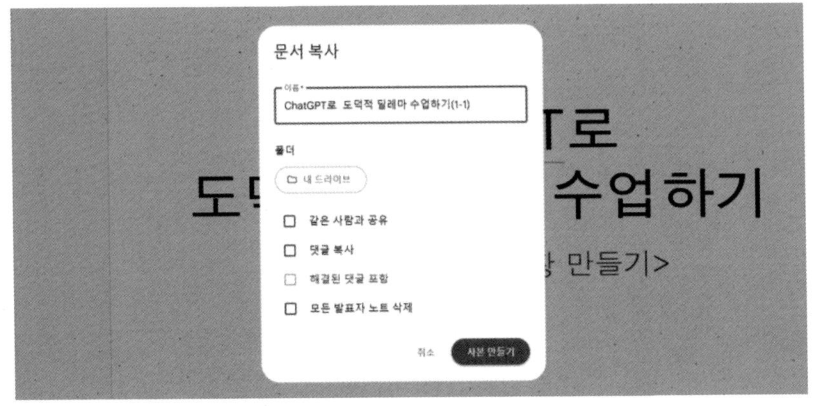

이름을 원하는 대로 수정한 후 (위 화면에선 학급을 추가함) "사본 만들기"를 누르면 프레젠테이션의 사본이 생성된다. 이때 "같은 사람과 공유" 버튼을 체크하면 위에 설정해 둔 공유 방식을 그대로 적용할 수 있다.

③ 발표하기

프레젠테이션을 공유할 준비를 마쳤다면 수업 시간에 학생들에게 프레젠테이션 링크를 공유하고, 모둠장에게 링크를 알려 주고 접속하여 작성하도록 한다. 이때 학생들에게 다른 모둠 슬라이드를 수정하지 않도록 주의시킬 필요가 있다.

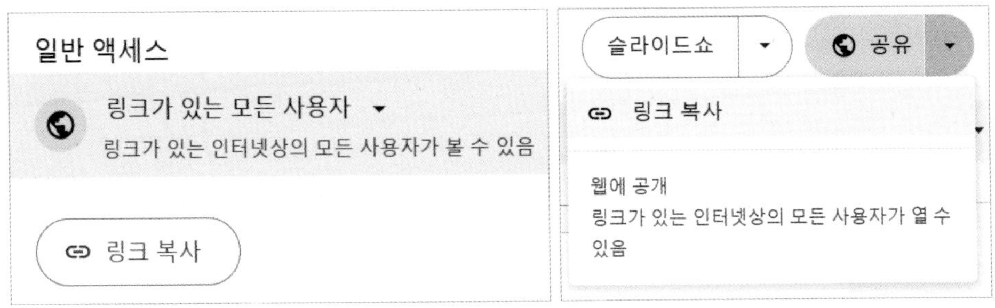

오른쪽 상단에 "공유" 버튼 또는 공유 버튼 오른편에 있는 "▼" 버튼을 누르면 "링크 복사"를 할 수 있다.

모둠원들의 작업이 끝나면 교사가 이를 확인하고 화면을 띄워 발표시키면 된다.

5) 토론 및 논의 심화시키기

모든 발표가 끝나면 투표를 통해 가장 흥미롭고 완성도가 높은 딜레마 상황을 선정하고, 이에 대해 어떤 선택을 할지 토론을 진행한다. 토론 후에는 활동지에 자신의 최종 선택과 그 이유를 정리하며 자신의 가치관과 판단을 성찰할 기회를 가진다.

수업은 여기서 끝나지 않는다. 챗GPT에 해당 딜레마 상황에서 어떤 선택을 할지 물어보고, 그 답변을 학생들과 공유한다.

교사 질문:

"아래 도덕적 딜레마 상황에서 너는 어떤 선택을 할 거야?:

한 학생이 친구의 개인적인 일기장을 발견해 친구의 어려운 가정 문제를 알게 된다. 학생은 이 비밀을 상담 교사나 다른 사람에게 알릴지, 아니면 친구의 신뢰를 지키며 비밀을 유지할지 고민에 빠진다. 도움을 요청하면 친구가 문제를 해결할 기회를 얻을 수 있지만 친구와의 관계가 훼손될 위험이 있다. 반대로 비밀을 지키면 신뢰는 유지되지만 친구가 혼자 문제를 감당해야 할 수 있다. 학생은 친구의 안전과 신뢰를 모두 고려한 선택을 해야 하는 상황이다."

ChatGPT의 답변:

이 도덕적 딜레마에서 저는 친구의 안전을 우선적으로 고려해 상담 교사에게 도움을 요청할 가능성이 큽니다.

선택 이유:

1. 안전과 복지의 우선성: 친구가 어려운 가정 문제를 혼자 감당하기에는 너무 힘들 수 있고, 그로 인해 더 큰 문제가 발생할 가능성도 있습니다. 이런 상황에서는 친구가 필요한 도움을 받는 것이 가장 중요하다고 생각합니다.

2. 신중한 접근: 상담 교사에게 알리기 전, 친구와 직접 대화를 시도하며 "네가 이런 어려움을 겪고 있는 것 같아. 네가 원하면 함께 도움을 찾아보자."라는 방식으로 친구의 감정을 우선적으로 존중할 것입니다. 만약 친구가 거부하더라도 상황이 심각하다면 친구를 돕기 위해 믿을 수 있는 어른에게 알리는 것이 필요합니다.

3. 장기적인 신뢰: 처음에는 친구가 배신감을 느낄 수 있겠지만 나중에라도 이 선택이

친구의 안전과 행복을 위한 것이었음을 이해할 가능성이 높습니다. 친구의 신뢰를 잠시 잃더라도 도움을 통해 문제를 해결할 수 있다면 더 나은 결과를 가져올 수 있다고 믿습니다.

주의할 점: 비밀을 공유할 때 최소한의 정보만 알리고, 친구의 사생활이 과도하게 노출되지 않도록 신중히 행동해야 합니다. 친구가 나중에라도 "나를 돕기 위해 이런 결정을 내렸구나"라고 느낄 수 있도록 진심을 담아 행동할 것입니다.

이러한 선택은 쉽지 않지만 친구의 안전과 행복을 최우선으로 두는 것이 도덕적이고 실질적인 접근이라고 생각합니다.

수업 시간에 여유가 있다면 학생들에게 챗GPT의 답변을 통해 궁금한 점을 물어보고 질문을 생각해 보게 하는 것도 좋다.

 교사(학생) 질문: "친구가 정말 알리고 싶지 않은 비밀이라고 하면 선택이 바뀔 수 있을까?"

 ChatGPT의 답변:
만약 친구가 그 비밀을 정말로 알리고 싶지 않아 한다면 선택이 더 어려워지고, 접근 방식도 달라질 수 있습니다. 그러나 상황의 심각성에 따라 선택이 바뀔 가능성은 있습니다.

선택이 바뀔 가능성: 만약 친구가 그 비밀을 알리는 것을 극도로 두려워하고 그로 인해 더 큰 고통을 받을 수 있다면, 저는 비밀을 유지하면서도 친구를 돕는 다른 방법을 먼저 찾아볼 것입니다. 예를 들어, 직접적인 개입 없이 친구가 스스로 도움을 받을 수 있도록 격려하거나 지원하는 방식을 선택할 수 있습니다.

하지만 상황이 심각하다면: 친구의 안전이나 건강이 심각하게 위협받는 상황이라면 친구의 의사와 상관없이 믿을 수 있는 어른(상담 교사나 전문가)에게 알려야 한다고 생각합니다. 이 경우, 친구에게 솔직하게 이야기하며 "이건 정말 네가 혼자 감당하기에는 너무 힘든 일이야. 너를 위해서라도 누군가에게 도움을 요청하는 게 필요해."라고 설득해 보겠습니다.

결국 중요한 기준은 다음과 같습니다:
비밀의 성격: 친구의 비밀이 단순히 개인적인 감정 문제인지, 아니면 친구의 안전과 건

강에 중대한 영향을 미칠 수 있는 문제인지 판단합니다.
도움의 필요성: 친구가 스스로 해결할 가능성이 없거나, 문제를 감당하기에 너무 힘든 상황이라면 도움을 요청할 필요가 있습니다.
신뢰와 관계 유지: 친구가 신뢰를 잃지 않도록 가능한 한 친구의 입장을 배려하고 설득하는 방식을 먼저 시도합니다.

결론적으로, 친구가 알리고 싶지 않은 비밀이라 하더라도 상황의 심각성과 도움의 필요성에 따라 선택이 달라질 수 있습니다. 친구와의 신뢰를 지키는 것이 중요하지만 그것이 친구의 안전보다 우선할 수는 없다고 생각합니다.

이 과정을 통해 학생들은 AI가 판단하는 방식과 자신의 판단을 비교하며 도덕적 선택의 기준에 대해 깊이 고민할 수 있다. 이후 "도덕적 딜레마 상황에서 AI의 선택을 신뢰할 수 있을까?"라는 질문을 던지며, 학생들과 다양한 관점을 공유하고 토론한다.

이 수업에는 정답이 없다. 하지만 학생들은 다양한 도덕적 가치를 고민하고 비교하면서 도덕적 상상력과 사고력을 키울 수 있다. 또한, AI의 판단과 인간의 판단의 차이를 탐구하며 도덕적 선택이 개인적, 사회적 맥락에서 어떻게 달라질 수 있는지 이해하는 시간이 될 것이다.

활동지 질문 예시

1. 우리 반이 최종적으로 선택한 도덕적 딜레마 이야기는 무엇인가요? 내용을 간단히 정리해 봅시다.
2. 나라면 이 상황에서 어떤 선택을 할지 이유와 함께 적어 봅시다.
3. 챗GPT가 내린 결정은 무엇인가요? 이유와 함께 적어 봅시다.
4. 도덕적 딜레마 상황에서 AI의 도움을 받을 수 있다면 나는 그 도움을 받을 것인가요? 그리고 그 선택을 신뢰할 수 있을까요? 이유와 함께 적어 봅시다.
5. 이번 활동을 통해 느낀 점을 적어 봅시다.

챗GPT로 경제 수업하기

1) 20만 원의 선택: 나의 경제 습관 탐험하기 (with 구글 스프레드시트)	2) 챗GPT와 함께하는 나의 꿈 계산기	3) 나만의 재정 계획 세우기	4) 돈 관리, 미래를 바꾸는 힘!

[청소년 시기 경제 교육의 중요성]

① 미래의 경제적 자립을 위한 준비

청소년 시기는 경제적 독립을 위한 기초를 다지는 중요한 시기이다. 이 시기에 올바른 소비 습관과 저축의 중요성을 배우면 청년기에 재정적으로 안정된 삶을 준비해 나갈 수 있다.

② 자산 관리 능력 개발

개인의 경제생활은 평생에 걸쳐 이루어진다. 따라서 미래의 소비와 소득을 예측하고 대비하여야 한다. 삶의 목표와 계획에 따른 장기적 재정 계획을 세우는 일은 자산 관리에 관심을 두게 할 뿐만 아니라, 안정적 금융 생활의 기초인 자산 관리 능력 개발의 첫걸음이다.

③ 의사 결정 능력 향상

경제 교육은 청소년이 합리적이고 현명한 선택을 할 수 있도록 돕는다. 소비 우선순위를 설정하고 충동적인 소비를 줄이는 연습을 통해 의사 결정 능력을 키울 수 있다.

④ 꿈과 목표 설정에 도움

재정 계획을 세우는 것은 꿈을 실현하기 위한 첫걸음이다. 경제 교육은 경제적 자유가 삶의 질과 연결된다는 점을 깨닫게 하고, 구체적인 목표를 설정하고 달성하는 방법을 가르쳐 준다.

청소년기의 경제 교육은 돈을 관리하는 기술을 넘어, 책임감 있고 자립적인 성인으로 성장하는 데 중요한 발판이 된다. 특히 챗GPT를 활용한 경제 교육은 실생활과 밀접한 상황을 시뮬레이션하고 창의적인 학습을 가능하게 하여, 청소년들에게 더욱 흥미롭고 효과적인 학습 경험을 제공한다.

1) 20만 원의 선택: 나의 경제 습관 탐험하기 (with 구글 스프레드 시트)

"어느 날 나에게 20만 원이 생기면 어떻게 사용할 것인가요?"라는 질문을 학생들에게 제시하고, 학생들의 답변을 챗GPT를 활용하여 분석한다. 이를 금융 개념과 연결 지어, 학생들이 자신의 경제적 선택이 가지는 의미를 스스로 깨닫고, 돈을 관리하는 다양한 방식을 재미있고 흥미롭게 이해할 수 있도록 유도한다.

① 학생들에게 질문 던지기

학생들의 답변을 챗GPT에 입력해 분석하려면 답변을 수집하는 방식을 고민해야 한다. 예를 들어, 각자 포스트잇에 적어 제출한 뒤 교사가 이를 표로 정리해 챗GPT에 입력할 수 있다. 또는 교사의 노트북에서 음성 인식 기능(예: 네이버 클로바노트)을 이용해 학생들의 답변을 텍스트로 변환하는 방법도 있다. 여기서는 구글 스프레드시트를 활용해 학생들의 답변을 간단히 수집하고 정리하는 방법을 소개하고자 한다.

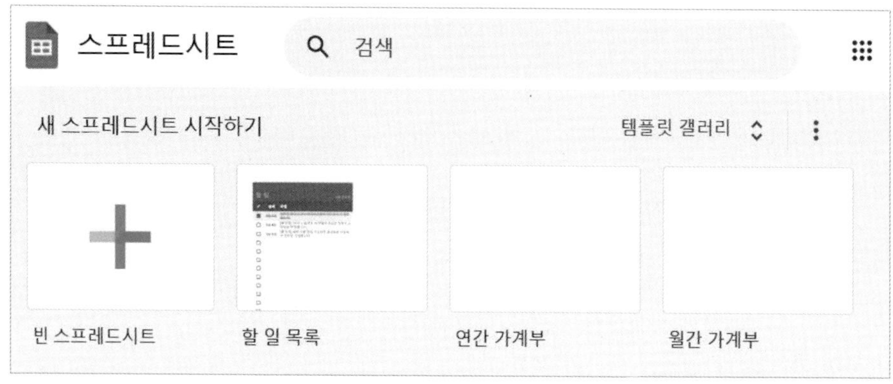

구글 스프레드시트에 접속한다. (https://docs.google.com/spreadsheets/)
"+" 버튼(빈 스프레드시트)을 누른다.

2반 경제교육

파일 수정 보기 삽입 서식 데이터 도구 확장 프로그램 도움말

번호	이름	어느 날 나에게 20만 원이 생기면 어떻게 사용할 것인가요?
1번	강서연	
2번	고유진	
3번	김다연	
4번	김민수	
5번	김서현	
6번	김영재	
7번	김유리	
8번	김정우	
9번	박태훈	
10번	박선영	
11번	박민수	
12번	박유진	
13번	서지호	
14번	송유진	
15번	신재훈	
16번	이지은	
17번	이서현	
18번	이찬호	

학생들이 자신의 답변을 적을 수 있도록 간단한 표를 만든다.

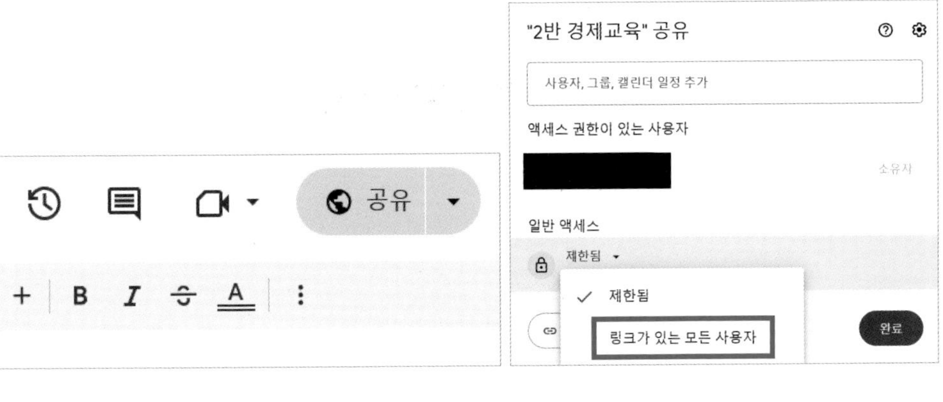

오른쪽 상단의 "공유" 버튼을 누른다.
"링크가 있는 모든 사용자" 버튼을 눌러 일반 액세스를 변경한다.

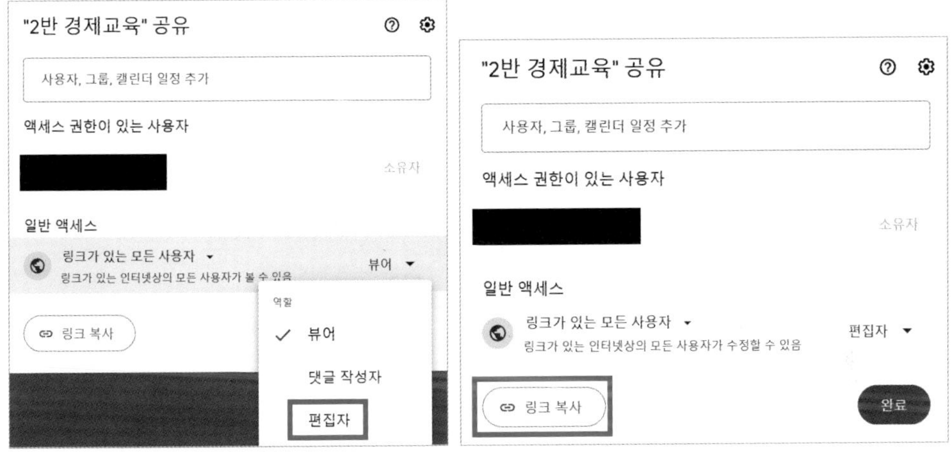

"편집자" 버튼을 눌러 링크가 있는 모든 사용자에게 편집 권한을 부여한다.
"링크 복사" 버튼을 눌러 생성된 링크를 학생들에게 공유한 후,
학생들이 파일에 접속해 답변을 작성하도록 한다.

② 학생들의 답변을 챗GPT로 분석하기

표1

번호	이름	어느 날 나에게 20만 원이 생기면 어떻게 사용할 것인가요?
1번	강서연	친구들이랑 피자를 많이 사 먹고 싶어요.
2번	고유진	새 학기 가방이나 학용품을 사고 싶어요.
3번	김다연	방학 때 부모님 몰래 PC방에 갈 거예요.
4번	김민수	새로운 헤드셋이나 키보드를 사고 싶어요.
5번	김서현	적금 통장에 저축할 거예요.
6번	김영재	온라인 강의를 듣는 데 쓸래요.
7번	김유리	버킷리스트에 있는 놀이공원에 가보고 싶어요.
8번	김정우	부모님께 드리고 용돈처럼 조금씩 쓸래요.
9번	박태훈	동아리 활동비로 사용할 거예요.
10번	박선영	좋아하는 아이돌 굿즈를 사고 싶어요.
11번	박민수	할머니께 용돈으로 드릴 거예요.
12번	박유진	학교 갈 때 필요한 자전거를 살래요.
13번	서지호	친구들이랑 영화관에 가고 싶어요.
14번	송유진	반려동물을 위한 간식을 사 줄래요.
15번	신재훈	유명한 맛집에서 가족과 함께 외식하고 싶어요.
16번	이지은	여름에 바캉스 가는 데 쓰고 싶어요.
17번	이서현	아동복지 단체에 기부할래요.
18번	이찬호	좋아하는 게임 아이템을 구매하고 싶어요.
19번	임다은	캠핑 장비를 사서 친구들과 캠핑 갈래요.
20번	장현우	필요한 책을 사서 독서에 투자하고 싶어요.
21번	정윤지	동생과 함께 장난감 가게에 가서 원하는 걸 사주고 싶어요.
22번	차경민	운동화가 낡아서 새 운동화를 사고 싶어요.
23번	최준호	엄마랑 아빠를 위해 작은 선물을 준비하고 싶어요.
24번	홍상희	새로운 스마트폰을 사고 싶은데 부족하면 추가로 돈을 모을 거예요.

스프레드시트로 받은 학생들의 답변이다.

친구들이랑 피자를 많이 사 먹고 싶어요.
새 학기 가방이나 학용품을 사고 싶어요.
방학 때 부모님 몰래 PC방에 갈 거예요.
새로운 헤드셋이나 키보드를 사고 싶어요.
적금 통장에 저축할 거예요.
온라인 강의를 듣는 데 쓸래요.
버킷리스트에 있는 놀이공원에 가보고 싶어요.
부모님께 드리고 용돈처럼 조금씩 쓸래요.
동아리 활동비로 사용할 거예요.
좋아하는 아이돌 굿즈를 사고 싶어요.
할머니께 용돈으로 드릴 거예요.
학교 갈 때 필요한 자전거를 살래요.
친구들이랑 영화관에 가고 싶어요.
반려동물을 위한 간식을 사 줄래요.
유명한 맛집에서 가족과 함께 외식하고 싶어요.
여름에 바캉스 가는 데 쓰고 싶어요.
아동복지 단체에 기부할래요.
좋아하는 게임 아이템을 구매하고 싶어요.
캠핑 장비를 사서 친구들과 캠핑 갈래요.
필요한 책을 사서 독서에 투자하고 싶어요.
동생과 함께 장난감 가게에 가서 원하는 걸 사주고 싶어요.
운동화가 낡아서 새 운동화를 사고 싶어요.
엄마랑 아빠를 위해 작은 선물을 준비하고 싶어요.
새로운 스마트폰을 사고 싶은데 부족하면 추가로 돈을 모을 거예요.

학생들의 답변을 복사하여 챗GPT의 입력창에 붙여 넣는다.

교사 질문:
"학생들의 답변을 그래프로 분석해 줘."

ChatGPT의 답변:

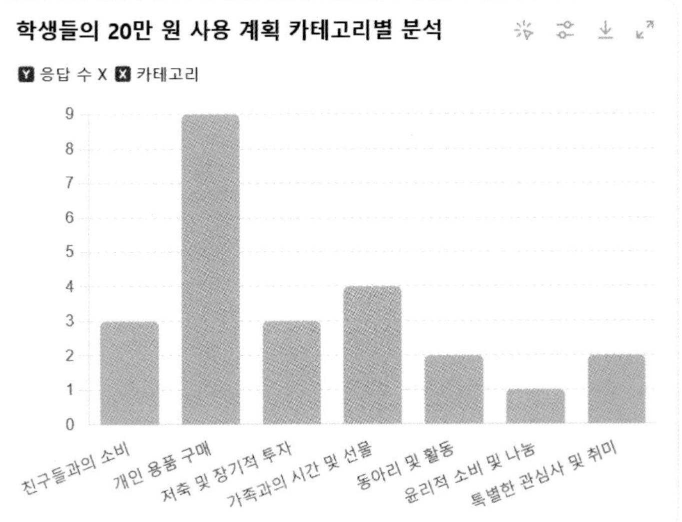

위 그래프는 학생들이 20만 원을 어떻게 사용할지에 대한 답변을 카테고리별로 분류한 결과를 시각화한 것입니다. 각 카테고리의 응답 수를 보여주며, "개인 용품 구매"와 같은 항목이 가장 많은 관심을 받는 것을 알 수 있습니다. 이를 통해 학생들의 소비 성향을 이해하고, 재정 교육에 활용할 수 있는 방향성을 설정할 수 있습니다.

③ 자신의 소비 패턴 파악하기

학생들은 챗GPT가 분석해 준 그래프를 보며 자신의 답변이 어떤 카테고리에 속하는지 확인하고, 친구들의 답변과 비교하며 자신의 소비 패턴의 장단점을 생각해 보는 시간을 갖는다.

2) 챗GPT와 함께하는 나의 꿈 계산기

학생들이 자신의 소비 패턴을 파악했으면, 이제 챗GPT를 활용해 나만의 재정 계획을 세워 볼 차례다. 먼저 나의 버킷리스트와 진로 계획을 작성하고 이를 달성하는 데 필요한 금액을 파악한 뒤, 준비해 나가는 방법을 살펴본다.

① 버킷리스트, 20년 후 내 모습 설정하기

학생들에게 활동지를 배부하여 자신이 이루고 싶은 버킷리스트와 진로 계획을 작성하도록 한다. 아래는 활동지 예시이다.

활동지: 나의 꿈과 목표 설계하기

학습지 파일 QR코드

1. 나의 버킷리스트 작성

내가 이루고 싶은 목표나 경험들을 자유롭게 작성해 보세요.

번호	버킷리스트 항목	이유
1	아이돌 콘서트 관람하기	좋아하는 아이돌을 직접 보고 응원하며 행복한 시간을 보내고 싶어서
2	외국 여행 가기	새로운 나라와 문화를 경험하며 시야를 넓히고 싶어서
3	번지점프 도전하기	짜릿한 스릴을 느끼며 용기를 시험해 보고 싶어서
4	게임 대회 참가하기	내 실력을 시험하고 다른 유저들과 경쟁하며 성취감을 느끼고 싶어서
5	친구들과 캠핑하기	자연 속에서 친구들과 특별한 추억을 만들고 싶어서

2. 나의 진로 계획 작성

내가 꿈꾸는 20년 후 나의 모습을 상상하며 작성해 보세요.

하는 일	20년 후 나는 인기 있는 게임 회사에서 팀을 이끄는 게임 개발자가 되어 있을 거예요. 제가 만든 게임이 전 세계에서 사랑받고 있겠죠.
취미	게임 속에서 영감을 얻기 위해 다른 게임들을 플레이하거나, 디지털 아트를 그리는 게 제 취미일 거예요.

계획	내 이름을 건 독립 게임 회사를 창업하고, 사람들이 즐길 수 있는 새로운 가상현실 게임을 만들고 싶어요.

② 목표에 따른 비용 추산하기

버킷리스트와 진로 계획이 실제적인 의미를 갖추려면 비용에 대한 고려가 필요하다. 하지만 학생들이 목표에 따른 비용을 혼자서 정확히 계산하기는 쉽지 않다. 이때 챗GPT를 활용하면 학생들이 더 쉽게 비용을 추산하고 재정 계획을 세울 수 있다. 물론 챗GPT의 답변이 정확하지 않을 수 있다. 그러나 이 활동의 핵심은 학생들이 자신이 원하는 목표를 달성하기 위해 비용이 필요하다는 점을 인식하고, 이를 위해 재정 계획을 세우며 합리적인 소비 습관을 지니는 데 있다.

학생 질문:
"내 버킷리스트를 달성하는 데 필요한 예산은 어느 정도일까?"

ChatGPT의 답변:
버킷리스트를 달성하는 데 필요한 예산을 항목별로 추정해 보겠습니다. 금액은 대략적인 평균치로, 실제 비용은 상황과 장소에 따라 달라질 수 있습니다.

1. 아이돌 콘서트 관람하기

비용 항목:
- 콘서트 티켓: 10만 ~ 20만 원 (좌석 위치에 따라 다름)
- 교통비: 2만 ~ 10만 원 (지역과 이동 수단에 따라)
- 굿즈 구매 비용: 5만 ~ 10만 원
- 기타 식비: 1만 ~ 3만 원

총 예상 비용: 18만 ~ 43만 원

2. 외국 여행 가기

비용 항목:
- 항공권: 50만 ~ 150만 원 (목적지와 시즌에 따라 다름)
- 숙박비: 하루 평균 10만 원 × 5일 = 50만 원
- 식비: 하루 평균 3만 원 × 5일 = 15만 원

- 관광 및 체험비: 10만 ~ 20만 원
- 교통비(현지): 5만 원

총 예상 비용: 130만 ~ 240만 원

3. 번지점프 도전하기

비용 항목:

- 번지점프 비용: 10만 ~ 15만 원
- 교통비: 1만 ~ 5만 원
- 기타 식비: 1만 ~ 2만 원

총 예상 비용: 12만 ~ 22만 원

4. 게임 대회 참가하기

비용 항목:

- 참가비(대회에 따라 다름): 무료 ~ 5만 원
- 교통비: 1만 ~ 5만 원
- 숙박비(타 지역 대회일 경우): 10만 ~ 15만 원
- 식비: 하루 평균 3만 원 × 2일 = 6만 원

총 예상 비용: 7만 ~ 26만 원

5. 친구들과 캠핑하기

비용 항목:

- 캠핑 장비(대여): 5만 ~ 10만 원
- 캠핑장 사용료: 2만 ~ 5만 원
- 식재료: 3만 ~ 5만 원
- 교통비: 1만 ~ 3만 원

총 예상 비용: 11만 ~ 23만 원

전체 합계

최소 예상 비용: 178만 원

최대 예상 비용: 354만 원

이 금액은 모든 버킷리스트를 한 번씩 달성하는 데 필요한 대략적인 예산입니다. 각각의 활동은 시간과 자금에 맞추어 계획할 수 있으며, 일부 항목은 비용을 줄이는 방법(예: 지역 콘서트 관람, 국내 여행, 캠핑 장비 대여 등)을 통해 더 경제적으로 실현할 수 있습니다.

학생 질문:
"내 진로 계획을 달성하는 데 필요한 예산은 어느 정도일까?"

ChatGPT의 답변:
게임 개발자로서 진로 계획을 달성하는 데 필요한 예산을 아래와 같이 항목별로 추정해 보겠습니다. 여기에는 교육, 기술 장비, 개인 개발 프로젝트, 창업 비용 등이 포함됩니다. (모든 비용은 대략적인 평균치로 상황에 따라 달라질 수 있습니다.)

1. 교육 및 학습

대학교 학비(게임 관련 학과):
- 국내: 연간 약 800만 원 × 4년 = 3,200만 원
- 해외(선택 사항): 연간 약 3,000만 원 × 4년 = 1억 2,000만 원

추가 학습(프로그래밍, 디자인 관련 교육 프로그램):
- 온라인 강의(예: Unity, Unreal Engine): 약 50만 ~ 100만 원
- 전문 학원: 과정 당 300만 ~ 500만 원

총 예상 비용(교육): 3,200만 ~ 1억 2,500만 원

2. 기술 장비 및 소프트웨어

개발용 PC: 약 200만 ~ 500만 원

소프트웨어 라이선스:
- Unity/Unreal Engine(무료 또는 유료 기능): 연간 0 ~ 100만 원
- Adobe Creative Suite: 연간 약 20만 ~ 50만 원

기타 장비: 태블릿(그래픽 작업용): 약 50만 ~ 100만 원

총 예상 비용(장비 및 소프트웨어): 270만 ~ 750만 원

3. 개인 프로젝트 개발 비용

개인 게임 프로젝트 비용:
- 2D 게임(소규모): 약 50만 ~ 200만 원
- 3D 게임(중규모): 약 500만 ~ 1000만 원

홍보 및 출시 비용:
- 플랫폼 등록비(예: 스팀, 앱스토어): 약 10만 ~ 30만 원
- 마케팅 비용: 약 100만 ~ 500만 원

총 예상 비용(개인 프로젝트): 160만 ~ 1700만 원

4. 창업 비용
사업 등록 및 초기 운영 비용:
- 법인 등록: 약 50만 ~ 100만 원
- 사무실 임대료(1년): 약 600만 ~ 1,200만 원
- 초기 개발비 및 직원 급여: 약 3,000만 ~ 5,000만 원
홍보 및 마케팅 비용: 약 500만 ~ 1,000만 원
총 예상 비용(창업): 4,150만 ~ 7,300만 원

5. 기타 비용
국내외 게임 대회 참가 및 네트워킹 비용:
- 참가비 및 교통비: 1회 약 50만 ~ 100만 원 × 3회 = 150만 ~ 300만 원
- 책 및 학습 자료: 약 20만 ~ 50만 원

전체 합계
최소 예상 비용: 약 8,000만 원
최대 예상 비용: 약 2억 5,000만 원

예산 절감 방안
장학금 및 지원금 활용: 학교나 기업의 장학금을 활용하거나 창업 지원금을 신청할 수 있습니다.
무료 소프트웨어 활용: Unity와 같은 무료 툴을 최대한 활용해 초기 비용을 절감할 수 있습니다.
온라인 학습 플랫폼 이용: Coursera, Udemy, Khan Academy 등 저렴한 강의 플랫폼을 활용하면 교육비를 줄일 수 있습니다.
협업 프로젝트: 초기 창업 비용을 줄이기 위해 협업하거나 팀을 만들어 비용을 분담할 수 있습니다.

이 계획을 통해, 게임 개발자로서의 진로를 구체적으로 설계하고 필요한 예산을 효율적으로 준비할 수 있을 것입니다.

3) 나만의 재정 계획 세우기

학생 질문:
"버킷리스트와 진로 계획을 달성하는 데 필요한 예산을 알아봤어. 중학생인 내가 지금부터 이 예산을 준비하기 위해 할 수 있는 일은 무엇일까?"

ChatGPT의 답변:
중학생인 당신이 버킷리스트와 진로 계획을 달성하기 위해 지금부터 준비할 수 있는 몇 가지 현실적인 방법을 아래에 정리했습니다. 이 과정에서 중요한 것은 목표를 명확히 하고, 작은 실천으로부터 시작해 꾸준히 이어가는 것입니다.

1. 기본적인 재정 관리 능력 기르기

용돈 관리:

- 매달 받는 용돈의 일부를 저축하고, 나머지를 계획적으로 사용하는 습관을 들이세요. 예를 들어, 매달 10%를 저축통장에 넣고 나머지 돈을 소비할 때 우선순위를 정해 사용해 보세요.

저축 목표 설정:

- 원하는 버킷리스트나 장기적인 계획(예: 좋은 PC 구매)을 위해 필요한 금액과 시간을 설정하고 목표를 달성하기 위해 꾸준히 모아 보세요. 예를 들어 "1년 안에 20만 원 모으기"와 같은 작은 목표를 세워 보세요.

2. 재능과 기술을 키우기

무료 또는 저렴한 학습 자원 활용:

- 게임 개발과 관련된 프로그래밍, 그래픽 디자인, 3D 모델링 등을 배우기 시작하세요.
- 유튜브에는 무료 강의 영상이 많이 있습니다. "Unity 게임 개발 기초" 같은 키워드로 검색해 보세요.

취미를 활용한 실력 향상:

- 디지털 아트나 그림 그리기에 관심이 있다면 무료 소프트웨어(예: Krita, GIMP)를 활용해 작업을 시작하세요.
- 간단한 게임을 만들어 보며 프로그래밍 실력을 쌓아 보세요. Scratch 같은 초보용 게임 제작 툴을 활용하면 재미있게 배울 수 있습니다.

3. 시간과 자원을 효율적으로 사용하기

시간 관리:

- 평일에는 학교와 과제를 우선으로 하고, 주말에는 진로와 관련된 활동(프로그래밍, 그림 연습, 글쓰기 등)에 시간을 투자하세요.
- 하루 30분~1시간만 꾸준히 투자해도 큰 성장을 이룰 수 있습니다.

자원 활용:

- 학교의 컴퓨터실이나 지역 도서관에서 제공하는 프로그램이나 시설을 활용하세요.
- 학업과 진로 관련 프로그램(예: 게임 개발 캠프, 컴퓨터 과학 대회)에 참여해 보세요.

4. 관련 활동 및 경험 쌓기

학교나 지역 커뮤니티의 활동:

- 게임 관련 동아리가 있다면 참여하고, 없다면 직접 만들어 친구들과 함께 프로젝트를 시작해 보세요.
- IT와 관련된 봉사 활동(예: 지역 센터에서 컴퓨터 교육 봉사)이나 소규모 대회에 참가해 경험을 쌓으세요.

작은 프로젝트 시작:

- 간단한 게임이나 앱을 제작해 보세요. 결과물이 작더라도 시작하는 것이 중요합니다.
- 친구와 함께 협업하여 미니 프로젝트를 진행하면 책임감과 협동심도 배울 수 있습니다.

5. 금전적으로 독립 준비

소액의 돈 벌기:

- 가족이나 친척을 도와 용돈을 벌어 보세요.
- 간단한 과외(예: 영어, 수학 도움)나 온라인에서 청소년이 할 수 있는 미니 작업(예: 간단한 디자인 작업 등)을 찾아보세요.

장학금 또는 대외 활동 탐색:

- 지역, 학교, 기업에서 제공하는 청소년 장학금이나 대회 상금 프로그램을 찾아 참여하세요. 이를 통해 상금을 모을 수 있을 뿐 아니라 이력을 쌓는 데도 도움이 됩니다.

6. 실천의 예시

용돈 저축: 매달 1만 원씩 저축 → 1년 후 12만 원

프로그래밍 학습: 주 3회, 하루 1시간씩 Unity 무료 강의 듣기 → 3개월 후 간단한 게임 제작 시도

활동 참여: 학교나 지역에서 제공하는 IT 대회 참가 → 상장 또는 상금으로 진로 준비 동기 강화

작은 노력이 시간이 지남에 따라 큰 차이를 만들 수 있습니다. 중학생 시절은 꿈을 향한 기반을 다지는 시기이므로 재미있게 목표를 준비하고 한 걸음씩 나아가세요!

챗GPT의 답변을 통해 학생들은 현재 자신의 상황에서 실천할 수 있는 것을 고민해 볼 수 있다. 활동지를 활용해 챗GPT의 답변을 검토하고, 이를 바탕으로 자신의 계획을 정리하는 시간을 갖는다. 아래는 활동지 예시이다.

활동지: 나만의 재정 계획 세우기

학습지 파일 QR코드

1. 용돈 관리

내가 매달 받는 용돈은 얼마나 되나요?

용돈 중 얼마를 저축하고, 얼마를 사용할 것인지 계획을 세워 보세요.

항목	계획 금액	세부 내용
저축		매달 일정 금액을 저축 (예: 목표를 위한 적금)
필수 지출		교통비, 학용품 등 꼭 필요한 소비
여가 및 취미 비용		친구들과의 만남, 취미 활동 등
기타		예상치 못한 비용 (예: 선물 구입 등)

2. 저축 목표 설정

내가 달성하고 싶은 목표와 그 목표를 위해 필요한 금액을 적어 보세요.

목표를 이루기 위해 얼마씩 저축할 것인지 구체적으로 계획해 보세요.

목표	필요한 금액	저축 기간	매달 저축 금액	기타 메모
예: 콘서트 관람	20만 원	6개월	약 3만 3천 원	용돈의 일부 사용

3. 시간 관리

내가 하루 또는 한 주 동안 사용하는 시간을 점검해 보고, 목표를 달성하기 위해 투자할 시간을 계획해 보세요. (예: 프로그래밍 공부, 디지털 아트 연습, 책 읽기 등.)

시간대	현재 사용하는 활동	목표를 위한 활동	계획된 시간
평일 오후 6시	TV 시청	프로그래밍 강의	1시간
주말 오전 10시	휴식	디지털 아트 연습	2시간

4. 자원 활용

내가 사용할 수 있는 자원(학교 시설, 온라인 강의, 주변 사람의 도움 등)을 적어 보세요. 이러한 자원을 어떻게 활용할 수 있을지 계획을 세워 보세요.

자원 이름	활용 방법	계획된 활용 방식
예: 유튜브 강의	Unity 게임 제작 강의 시청	매주 2회 강의 시청 및 실습 진행
도서관 시설	참고 서적 대여	주말에 방문하여 책 빌리기
선생님 또는 멘토	진로 상담 요청	한 달에 한 번 궁금한 점 질문하기

5. 실천 계획 정리

지금 내가 실천할 수 있는 것과 실천하기 어려운 것을 구분하고, 구체적인 행동 계획을 세워 보세요.

실천 가능한 것	실천하기 어려운 것	도움이 필요한 점
예: 매달 용돈에서 1만 원씩 저축	해외여행 비용 마련	가족과 함께 예산을 어떻게 모을지 논의

6. 마무리 다짐

목표를 이루기 위해 지금부터 어떤 자세로 임할지 한 문장으로 적어 보세요.

예시: "꾸준히 저축하고, 시간을 아껴 나의 목표를 반드시 이루겠습니다!"

활동지의 질문과 항목은 학생들의 발달 수준에 맞게 조정하여 사용할 수 있다. 완성된 활동지는 패들렛에 게시해 전체 학생들과 공유하거나, 교실 내 게시판에 게시하는 등 다양한 방식으로 활용할 수 있다. 이를 통해 학생들이 자신의 계획을 발표하고 서로의 아이디어를 공유하는 시간을 가질 수 있다.

4) 돈 관리, 미래를 바꾸는 힘!

① 수업 초반 질문 다시 생각해 보기

수업을 마무리하기 전, 초반에 던졌던 질문 "어느 날 나에게 20만 원이 생기면 어떻게 사용할 것인가요?"를 다시 학생들에게 제시한다. 이번에는 지금 당장 하고 싶은 것에 집중하는 것을 넘어, "나의 20년 후 계획에 도움이 되도록 이 20만 원을 사용하려면 어떻게 해야 할까?"라는 관점에서 답변을 작성해 보도록 한다.

학생들은 자신이 설정한 버킷리스트나 진로 계획과 연결 지어, 이 돈을 저축하거나 투자하는 방안, 혹은 목표를 이루기 위한 준비 과정에서 활용할 수 있는 방법 등을 생각해 볼 수 있다. 이를 통해 단순한 소비가 아닌 장기적인 관점에서의 돈 관리와 재정 계획의 중요성을 깨닫게 된다.

② 활동 소감 작성하기

마지막으로, 활동 소감을 작성하는 시간을 갖는다. 학생들에게 활동을 통해 느낀 점이나 배운 점, 그리고 앞으로 실천하고 싶은 내용을 자유롭게 적어 보도록 한다. 이를 통해 학생들은 자신만의 계획을 되돌아보고, 경제적 선택이 자신의 미래에 미칠 영향을 더욱 깊이 이해할 수 있다.

이 활동은 학생들이 자신의 선택과 행동을 스스로 성찰하고, 장기적인 목표를 위해 구체적인 재정 계획을 세우는 첫걸음을 내딛는 데 중요한 의미가 있다.

챗GPT로 사상가와 대화를 통해 현대 사회의 문제 해결하기

1) 윤리 사상가와 대화할 수 있다면?	2) 칸트에게 물어봐!	3) 밀 vs 칸트 토론 배틀	4) 챗GPT를 활용한 글쓰기	5) 챗GPT를 활용한 피드백 및 생활기록부 작성

1) 윤리 사상가와 대화할 수 있다면?

만약 소크라테스, 칸트, 공자와 같은 위대한 윤리 사상가들과 직접 대화를 나눌 수 있다면 어떨까? 우리는 그들과 실제로 대화할 수 없기 때문에 책을 통해서만 그들의 사상과 가르침을 배웠다. 이 과정에서 학생들은 복잡한 개념을 이해하지 못하거나, 사상가의 관점에서 현대의 윤리적 문제를 성찰하는 데 한계를 느끼곤 한다. 이제는 챗GPT를 통해 학생들이 이해하지 못한 부분을 즉시 물어보고, 현대 사회에서 어떻게 적용되는지 알 수 있다면 윤리 수업의 효과를 높일 수 있다.

2) 칸트에게 물어봐!

학생들이 윤리와 사상을 배우면서 겪는 가장 큰 어려움 중 하나는 그 개념을 정확하게 이해하는 것이다. 이러한 어려움을 해결하기 위해 챗GPT를 활용하여 사상가와의 가상 대화를 통해 개념을 깊이 있게 탐구하는 활동을 설계할 수 있다. 서양 윤리학자 칸트(Immanuel Kant)를 예시로 다음과 같이 진행할 수 있다.

[질문 생성 및 가상 대화 시작]

먼저 교사는 칸트 사상에 대한 이론 수업을 통해 배경지식을 제공한다. 이때 학생들이 개념의 기본적인 틀을 이해할 수 있도록 하되, 지나치게 자세히 설명하지 않아도 된다. 오히려 약간의 의문을 남겨 두어 학생들이 스스로 질문을 던지도록 유도한다. 그다음 학생들에게 주어진 개념에 대한 질문을 생각해 보도록 한다. 예를 들어, 정언 명령, 도덕 법칙, 선의지란 무엇을 의미하는지, 칸트가 왜 이런 개념을 제시했는지, 그리고 실제 상황에서 어떻게 적용될 수 있는지 등에 대한 질문을 만들어 답변을 얻을 수 있다.

학생 질문:
"나는 윤리와 사상을 공부하고 있는 고등학생이야. 칸트의 입장에서 질문에 대답해 줘."

ChatGPT의 답변:
안녕하세요! 저는 이마누엘 칸트입니다. 기쁘게도 저의 철학에 대해 질문해 주셨군요. 제 이론에 관한 어떤 질문이든 물어보세요. 최대한 명확하게 답변해 드리겠습니다.

학생 질문:
"선의지에 대해 설명해 줘."

ChatGPT의 답변:
선의지(Guter Wille)는 제가 중요하게 다루는 개념 중 하나로, 도덕적 행동의 기초라고 할 수 있습니다. 선의지는 어떤 외부의 결과나 목적에 의해 판단되지 않고 오직 그 자체

로 선한 의지입니다. 다시 말해, 선의지는 도덕 법칙에 따라 행동하려는 순수한 의도와 결심을 의미합니다.
예를 들어 어떤 사람이 다른 사람을 돕기 위해 행동한다고 할 때, 그 행동의 결과가 좋든 나쁘든 그 행동을 하려는 의도가 도덕 법칙에 근거한 것이라면 그 의지는 선한 것으로 간주됩니다. 이러한 선의지는 결과에 상관없이 그 자체로 가치가 있으며, 인간이 도덕적 존재로서 행동하는 데 있어 가장 중요한 요소입니다.
결국 선의지는 도덕적 법칙을 따르려는 의지, 즉 의무에서 비롯된 행동의 근본적인 동기라고 할 수 있습니다. 그것이 제가 강조하는 '정언 명령'과도 깊이 연결됩니다.

학생 질문:
"구체적인 예시를 들어 쉽게 설명해 줘."

ChatGPT의 답변:
물론입니다! 더 쉽게 이해할 수 있도록 일상적인 예시를 들어 설명해 드리겠습니다.
상황을 가정해 보겠습니다. 친구가 갑자기 어려운 상황에 처해 있고, 그 친구를 돕고 싶다고 느낍니다. 여기서 두 가지 경우를 생각해 볼 수 있습니다.

첫 번째 경우: 친구를 돕는 이유가 그 친구에게서 나중에 보답을 받을 수 있을 것이라는 기대 때문이라면, 이 경우 당신의 행동은 의도 자체가 도덕적으로 순수하다고 볼 수 없습니다. 이 행동은 결과에 의해 동기가 부여된 것이기 때문입니다.
두 번째 경우: 친구를 돕는 이유가 단순히 도덕적 의무감에서 비롯된 것이라면, 즉 친구를 돕는 것이 옳다고 느끼고 그 자체로 선한 행동이라고 판단해서 돕는다면, 이 경우 당신의 의지는 '선의지'라고 할 수 있습니다. 이때는 그 행동의 결과가 어떻든 상관없이 당신의 의도가 도덕 법칙을 따르려는 순수한 의지에서 나온 것이기 때문에 도덕적으로 가치가 있습니다.

이처럼 선의지는 '옳은 일을 해야 한다'라는 도덕적 법칙에 따라 움직이는 순수한 의도를 의미합니다. 결과나 보상이 아닌, 그 행동 자체의 도덕적 가치에 중점을 둔 의지인 것이죠.

학생 질문:
"칸트의 책 어떤 부분에 나오는지 원문을 보여 줄 수 있어?"

ChatGPT의 답변:
칸트의 저서 《윤리 형이상학 정초》의 첫 문장에서 그는 다음과 같이 말합니다:

"이 세상에서, 아니 더 나아가 이 세상 밖에서도 제한 없이 선하다고 여겨질 수 있는 것은 오직 선의지뿐이다."
이 문장은 칸트의 도덕 철학에서 선의지의 중요성을 강조하는 부분으로, 그의 저서 첫 장의 첫 문장에 해당합니다. 한국어 번역본에서는 보통 첫 페이지나 서문에 위치해 있습니다. 정확한 페이지 번호는 번역본에 따라 다를 수 있으므로 해당 문장을 찾으시려면 책의 첫 부분을 참고하시기 바랍니다.

[배운 내용 정리 및 확인]

학생은 챗GPT의 답변을 바탕으로 계속해서 질문을 확장, 추가해 나갈 수 있다. 이를 통해 교과서에 제시된 지식을 넘어서서 심화 지식을 계속해서 탐구해 나갈 수 있고, 자기 주도적 학습이 가능해진다. 질문 후 학생은 새롭게 알게 된 내용을 정리하고 다른 친구들과 공유할 수 있는데, 이때 교사는 오개념은 없는지 점검하고 학생이 잘못 이해한 부분을 수정할 수 있도록 도와야 한다. 그 방법은 다음과 같다.

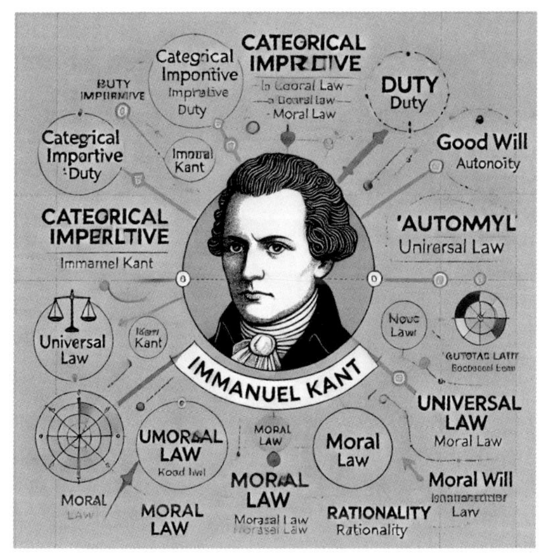

[챗GPT로 제작한 개념 지도]

① 키워드 제시하고 물어보기

학생들에게 칸트의 사상에서 가장 중요한 키워드를 제시해 준 후, 이에 대해 학생들이 요약하여 설명하도록 한다. 예를 들어, '정언 명령', '선의지', '이성' 등의 키워드를 제시하고, 이에 대해 학생들은 한 문장에서 두 문장으로 요약하여 설명한다.

② 개념 지도 그리게 하기

학생들이 배운 내용을 시각적으로 정리할 수 있도록 개념 지도를 그린다. 이 과정에서 학생들은 용어들 사이의 관계를 올바르게 이해하고 체계화할 수 있다. 이러한 과정이 있어야 챗GPT로 알게 된 지식을 내면화할 수 있다. 이때 챗GPT로 지도를 그리고 그것을 스스로 점검해 보는 식으로 진행할 수도 있다.

③ 자기 주도적 형성평가 안내하기

형성평가를 통해 자신이 올바르게 이해하고 습득했는지 확인한다. 기존에는 교사가 형성평가 문제를 만들어 학생에게 제시하고 풀이까지 해 줬지만, 이제 학생들은 챗GPT를 이용해 자기 주도적으로 문제를 풀어 볼 수 있다.

학생 질문:

"내가 올바르게 칸트 사상을 이해했는지 궁금해. O/X퀴즈를 한 문제씩 내줘."

ChatGPT의 답변:

좋아요! 칸트 사상을 이해하는 데 도움이 되는 O/X 퀴즈를 하나씩 드리겠습니다.

첫 번째 질문:

칸트는 도덕적으로 옳은 행동의 기준이 행동의 결과에 있다고 말했다.

O일까요? X일까요?

교사는 교실을 돌아다니며 대화 기록을 살펴보면서 학생의 자기 평가 과정을 점검하여 단지 정답을 맞히는 것이 아닌, 설명도 추가하여 답변하도록 지도할 수 있다.

학생 답변:

"X야. 결과가 아니라 의무에 있어."

ChatGPT의 답변:

정답입니다! 맞히셨네요. 칸트는 행동의 도덕성을 결과가 아닌 의무, 즉 도덕적 원칙에 따라 행동하는 의지에 둡니다. 칸트 윤리에서 중요한 것은 그 행동이 도덕적 법칙에 맞는가, 그리고 그 법칙을 따르려는 선의지가 있는가 하는 점이죠.
다음 문제도 준비해 드릴까요?

학생 답변:
"다음 문제도 내줘."

ChatGPT의 답변:
좋습니다! 그럼 다음 문제 드리겠습니다.
두 번째 질문:
칸트에 따르면, 사람이 도덕적 행위를 할 때는 항상 다른 사람을 수단으로만 대해야 합니다.
O일까요? X일까요?

이번에는 학생이 문제의 정답은 맞히지만, 정답에 대한 설명을 틀리게 대답해 보았다. 흥미로운 자기 평가 과정이 되도록 일부러 챗GPT에 틀린 정답이나, 틀린 설명을 제시하도록 지도할 수도 있다.

학생 답변:
"아니야. 항상 다른 사람을 수단으로만 대해야 하는 것은 아니고, 항상 다른 사람을 사랑으로 대해야 해."

ChatGPT의 답변:
아주 가까이 가셨지만 조금 다른 부분이 있어요. 칸트는 도덕적 원칙으로 "사람을 수단으로만 대하지 말고, 항상 목적으로 대하라"고 했어요. 즉 다른 사람을 단순히 나의 목적을 위한 도구처럼 대하지 말고, 그 자체로 소중한 존재로 존중해야 한다는 뜻이죠. 사랑의 마음과는 조금 다르지만 본질적으로 다른 사람을 존중하고 소중히 여겨야 한다는 점에서는 비슷하다고 할 수 있습니다. 다음 문제도 준비해 드릴까요?

학생 답변:
"나에게는 문제가 어려워. 조금 더 쉬운 문제로 내줘."

ChatGPT의 답변:

알겠습니다! 조금 더 쉽게 드리겠습니다.

세 번째 질문:

칸트에 따르면, 도덕적 행동을 할 때는 내가 하고 싶은 마음이 생길 때만 그 행동을 해야 합니다.

O일까요? X일까요?

이처럼 학생은 챗GPT가 낸 O/X 퀴즈를 맞히며, 정답을 맞히는 것에서 더 나아가 문제와 관련된 부연 설명을 들을 수 있다. 또한, 학생의 수준에 맞게 문제의 난이도를 조절하는 것이 가능하기 때문에 수준별 학습이 용이하다는 장점이 있다.

[교사의 피드백]

학생이 학습한 개념에 오개념이 있는지 확인하고, 피드백을 위해 지금까지 한 활동을 학생이 차례대로 기록하도록 한다.

① 챗GPT를 통해 새롭게 알게 된 내용
② 핵심 개념 요약
③ 개념 지도
④ O/X 퀴즈 문제 및 정답

평소 사용하고 있는 수행평가 도구를 활용해서 기록하도록 하면 된다. 이때 사용할 수 있는 온라인 도구는 다음과 같다.

Padlet(패들렛)

패들렛은 다양한 형식으로 콘텐츠를 자유롭게 게시할 수 있어 요약 문서, 개념 지도, 퀴즈 결과를 각각 카드 형태로 업로드하기에 좋다. 특히 각 게시물에 댓글을 달거나 피드백을 줄 수 있어 교사와 학생 간의 상호 작용이 원활하다.

Microsoft OneNote(마이크로소프트 원노트)

원노트는 정리, 기록, 공유에 최적화된 도구로, 학생들이 요약한 내용을 텍스트로 기록하고 개념 지도와 퀴즈 결과를 이미지로 업로드하여 하나의 전자 필기장에 정리할 수 있다. 또한, 공유 기능을 통해 교사가 실시간으로 피드백을 추가할 수 있다.

Notion(노션)

노션은 문서 작성과 기록 관리에 강점이 있어 학생들이 모든 학습 자료를 통합적으로 관리하기에 좋다. 요약 텍스트, 개념 지도 이미지, 퀴즈 결과 등을 다양한 페이지와 섹션으로 나누어 정리할 수 있고, 협업 기능을 통해 교사와 피드백을 주고받기도 쉽다.

3) 밀 VS 칸트 토론 배틀

윤리와 사상 학습 과정에서 사상가의 사상을 이해하고, 토론하는 과정은 논리적 사고를 함양하고 현대 사회 문제에 대해 윤리적 시각을 적용하는 데 큰 도움을 준다. 하지만 사상가의 입장에서 논리적 근거를 펼치는 것은 어려울 수 있다. 이 과정에서 챗GPT를 활용한다면 학생의 흥미를 유발하면서도 학습 효과를 높인다.

① 토론 주제 정하기

교사가 토론 주제를 제시하고, 학생은 사상가를 선택하여 사상가의 입장에서 토론을 진행한다. 교사는 챗GPT를 활용해서 토론 주제를 제시한다.

교사 질문:
"학생들이 각각 밀과 칸트 입장에서 토론을 해야 해. 고등학생에게 흥미를 유발할 수 있으며 현실 사례를 반영한 적합한 토론 주제를 추천해 줘."

ChatGPT의 답변:
고등학생들이 흥미를 느낄 수 있도록 현실적인 사례를 반영한 밀과 칸트의 철학적 입장을 기반으로 한 토론 주제를 다음과 같이 제안해 드립니다:

1. 온라인 표현의 자유 vs. 사회적 책임: "표현의 자유는 사회적 해악을 끼칠 가능성이 있을 때도 보장되어야 하는가?"
2. 개인정보와 공공 안전: "공공의 안전을 위해 개인의 프라이버시가 침해될 수 있는가?"
3. AI와 윤리: "인공지능이 인간을 대신해 도덕적 결정을 내릴 수 있는가?"
4. 학교에서의 체벌과 학생 권리: "학생들의 행동 교정을 위해 체벌이 허용될 수 있는가?"
5. 사회적 약자 보호 정책: "취약 계층을 위한 지원이 불평등한 혜택인가? 아니면 필수적인 정의인가?"

이러한 주제는 학생들이 현실의 문제를 통해 철학적 논점을 보다 쉽게 이해하고, 자신의 생각을 철학적으로 표현하는 데 도움이 될 것입니다.

② 모둠 구성하기

토론은 삼각 토론으로 진행한다. 한 모둠당 세 명으로 구성하고 한 명은 판결을, 두 명은 각각 밀과 칸트 중 한 입장을 선택한다.

③ 토론 준비하기

학생들은 배운 내용을 바탕으로 논거를 준비한다. 이 과정에서 어려움을 느끼는 학생은 챗GPT에 다음과 같이 질문하여 도움을 받을 수 있다.

학생 질문:
"학교에서의 체벌과 학생 권리: "학생들의 행동 교정을 위해 체벌이 허용될 수 있는가?" 라는 주제로 토론을 해야 하는데, 칸트의 입장이라면 뭐라고 대답할까?"

ChatGPT의 답변:
칸트의 입장에서 "학생들의 행동 교정을 위해 체벌이 허용될 수 있는가?"라는 질문에 답하려면, 그의 윤리적 원칙과 인간 존엄성에 대한 관점을 고려해야 합니다. 칸트의 철학에서는 인간을 목적 그 자체로 대우해야 한다는 '목적의 정식'과 자유롭고 합리적인 의지에 따라 도덕적 행동을 해야 한다는 '자율성' 개념이 중요합니다. 이 두 원칙을 통해 체벌에 대해 다음과 같은 입장을 제시할 수 있습니다.

목적의 정식: 칸트는 모든 인간이 존엄성을 가지며, 타인의 의도를 달성하기 위한 수단으로 취급되어서는 안 된다고 주장했습니다. 체벌은 …(이하 답변 생략)

학생 질문:
"밀의 입장에서 칸트의 주장에 대해 반박할 수 있는 논거는 무엇이 있을까?"

ChatGPT의 답변:
밀의 입장에서 칸트의 주장을 반박하려면 밀의 공리주의(행복 원칙)와 결과주의적 사고에 근거하여 체벌이 학생의 행동 교정에 미치는 실질적인 영향을 고려할 수 있습니다. 다음은 밀의 입장에서 칸트의 주장에 대한 반박 논거가 될 수 있는 몇 가지 관점입니다.

행동의 결과 중시: 밀은 행위의 옳고 그름을 판단할 때 그 행위가 가져오는 결과, 특히

최대 다수의 최대 행복에 기여하는지를 중심으로 평가했습니다. 만약 체벌이 학생의 행동을 긍정적으로 변화시키고 학생과 학교 공동체에 더 큰 행복과 질서를 가져온다면 밀은 체벌이 유용하다고 볼 수 있습니다. …(이하 답변 생략)

4) 챗GPT를 활용한 글쓰기

토론을 통해 사고를 확장한 후 논술문을 작성한다. 이를 통해 학생의 사고력, 표현력, 문제 해결 능력이 종합적으로 향상된다. 논술문 주제는 토론 주제로 하며, 학생은 해당 주제와 관련된 사상가의 입장을 정리하고 자신의 주장을 밝힐 수 있도록 안내한다. 이 과정에서 학생들은 챗GPT에 다음과 같은 도움을 받을 수 있다.

① 초고 작성하기

학생 질문:
"지금까지 토론한 주제로 논술문을 쓰려고 해. 목차를 작성했는데 검토해줘. 1. 서론: 주제 밝히기 2. 본론 1) 주제와 관련된 칸트의 사상, 2) 주제와 관련된 밀의 사상, 3) 칸트의 가상 주장, 4) 밀의 가상 주장, 5) 나의 입장 3. 결론 및 제안 사항"

ChatGPT의 답변:
초고의 구성은 논지 전개가 자연스럽고 균형 잡히게 되어 있습니다. 다만, 일부 항목에서 독자의 이해를 돕기 위해 구체적으로 무엇을 다룰지 명확히 하면 더 좋겠습니다. 각 부분에서 강조할 내용을 구체화해 보면 좋을 것 같습니다.

검토 및 개선 사항

서론: 주제를 밝힐 때, 체벌과 학생 권리에 대한 논란의 배경을 간략히 설명하여 독자가 문제의식을 쉽게 파악할 수 있도록 합니다. 예를 들어, "체벌이 학생 행동을 교정하기 위해 정당화될 수 있는가?"라는 질문을 던지며 논의의 방향을 잡는 것도 좋습니다.

…(중략)… 이러한 방식으로 내용을 좀 더 구체화하면 논리적 흐름이 더 강화되고 독자에게 전달력이 높아질 것입니다.

학생들의 자기 주도적 학습 능력을 향상시키기 위해 초안을 스스로 작성하도록 하되, 논술문 쓰기에 기초적인 지식이 없는 학생은 아래와 같은 도움을 받을 수 있다.

학생 질문:
"지금까지 토론한 주제로 논술문을 써야 하는데, 글의 구성을 어떻게 해야 할지 모르겠어."

ChatGPT의 답변:

1. 서론
주제 소개: "학교에서의 체벌과 학생 권리"라는 주제를 제시하고, 체벌이 학생들의 행동 교정에 허용될 수 있는지에 대한 사회적 논란을 간단히 설명합니다.
논의의 틀 제시: 이 문제를 두 가지 철학적 입장인 칸트의 의무론과 밀의 공리주의로 분석할 것임을 알립니다.
논제 제시: 논술문이 다룰 주요 논점을 간단히 요약하여 독자가 글의 방향성을 이해할 수 있도록 합니다.

…(중략)… 이런 구조로 논술문을 작성하면 주제에 대한 체계적이고 균형 잡힌 논의가 가능합니다.

여기서 중요한 부분은 챗GPT에 글을 작성하도록 하면 활동의 의미가 없으므로 비판적 사고 능력을 기르기 위해 아이디어를 얻는 보조 도구로만 사용할 수 있도록 강조한다.

② 문장 피드백 받기

논술문을 모두 작성했다면 학생은 챗GPT에 본인이 작성한 글을 입력하여 문장을 피드백 받을 수 있다. 이때 피드백 받고 싶은 부분을 정확하게 입력해야 한다.

학생 질문:
"내가 작성한 글에 대해 문장의 구조, 맞춤법이 올바른지 피드백 받고 싶어."
(학생은 자신이 작성한 글을 복사, 붙여넣기 하여 대화방에 입력한다.)

ChatGPT의 답변:
서론 부분의 문장 구조와 맞춤법은 매우 잘 되어 있습니다! 다만, 약간의 수정을 통해 문장이 더 매끄럽고 명확하게 전달될 수 있을 것 같아요. 아래는 조금 다듬은 예입니다.

수정된 서론 예시

학교에서의 체벌은 오랫동안 학생 행동을 교정하기 위한 방법으로 사용되어 왔습니다. 하지만 체벌이 학생들의 권리를 침해한다고 주장하는 사람들도 많습니다. 과연 체벌은 정당화될 수 있을까요? 이 질문을 탐구하기 위해 체벌과 학생 권리에 대한 두 가지 철학적 관점, 즉 칸트와 밀의 사상을 살펴보겠습니다. …(중략)…

개선 포인트

"오랜 시간 동안" → "오랫동안"으로 줄여서 문장을 간결하게 만들었습니다.
"과연 체벌은 정당화될 수 있는 것일까요?" → "과연 체벌은 정당화될 수 있을까요?"로 간단하게 수정했습니다.
문장 연결: "칸트와 밀의 사상을 살펴보겠습니다"를 "즉 칸트와 밀의 사상을 살펴보겠습니다"로 바꾸어 두 가지 관점이 분리되지 않고 자연스럽게 연결되도록 했습니다. …
(이하 답변 생략)

이를 통해 교사가 학생의 문장과 맞춤법을 검토해 주지 못하더라도 자신이 부족한 부분을 보완하여 논술문을 작성할 수 있다.

5) 챗GPT를 활용한 피드백 및 생활기록부 작성

① 논술문 피드백하기

교사는 학생이 작성한 논술문에 대한 피드백을 할 때 챗GPT를 활용할 수 있다. 논술문을 PDF 파일, HWP 파일로 제출하도록 한다면 대화창 입력이 용이하다. PDF 파일의 경우 챗GPT 대화창에 그대로 파일을 첨부하면 챗GPT가 내용을 인식할 수 있으며, HWP 파일의 경우 내용을 복사하여 채팅창에 붙여넣기 하면 된다. 학생의 글을 복사하고 붙여넣은 뒤 피드백해 주고 싶은 내용을 구체적으로 입력한다.

교사 질문:
"'학교에서의 체벌과 학생 권리'라는 주제로 학생이 작성한 논술문이야. 논리적 구조, 주장의 타당성, 사상에 대한 이해도, 문법과 맞춤법을 중심으로 피드백해 줘."

ChatGPT의 답변:

논리적 구조

학생의 글은 서론, 본론, 결론의 구조를 따라 전체적으로 논리적 흐름이 잘 유지되었습니다. 서론에서 체벌과 학생 권리라는 주제를 명확히 제시하고, 본론에서 체벌의 문제점과 학생 권리의 중요성을 논리적으로 전개하고 있습니다. 결론에서는 자신의 의견을 요약하며 체벌에 반대하는 입장을 강조했는데, 이 부분에서 본론의 주요 논점이 간결하게 정리되어 글의 일관성을 강화하는 효과가 있습니다. 다만, 본론에서 각 논점 사이의 연결이 조금 더 부드럽게 이어지도록 문장 연결어를 추가하면 좋겠습니다.

주장의 타당성

학생은 체벌이 학생의 권리를 침해할 가능성이 높으며, 체벌보다 효과적인 대안이 필요하다는 점을 주장하고 있습니다. 이 주장은 타당성과 설득력이 있으나 근거로 제시된 예시나 자료가 조금 더 구체적이면 더욱 설득력 있는 논증이 될 수 있습니다. 예를 들어, 체벌이 학생에게 미치는 심리적 영향을 뒷받침하는 구체적인 연구 결과나 사례를 제시한다면 주장이 더욱 탄탄해질 것입니다. 또한, 체벌의 장점에 대해 간략하게라도 언급하고 이를 반박하는 논리를 추가하면 글의 균형이 좋아질 것입니다.…(이하 답변 생략)

② 생활기록부 작성하기

교사는 학생 활동을 바탕으로 생활기록부를 작성하는 데 챗GPT의 도움을 받을 수 있다. 다만, 챗GPT가 작성한 초안에 학생의 참여도, 노력 등은 주의 깊게 관찰하고, 학생의 개인적 특성이 드러날 수 있도록 덧붙여 기록해야 한다.

교사 질문:

"학생이 작성한 논술문을 바탕으로 생활기록부에 교과 세부 능력 및 특기 사항을 기록하려 해. 초안을 작성해 줘."

ChatGPT의 답변:

생활기록부 기재 초안

학생은 "학교에서의 체벌과 학생 권리"라는 주제로 진행된 토론 후 논술문을 작성하였으며, 체벌의 필요성과 학생 권리의 중요성에 대해 논리적으로 사고하고 자신의 의견을 설득력 있게 표현하였습니다. 토론에서 제시된 다양한 관점을 바탕으로 체벌에 대한 장단점을 균형 있게 이해하고, 체벌이 학생의 권리와 존엄성에 미치는 영향을 비판적으로 평가하여 글을 완성하였습니다. 특히, 본 논술문에서 학생은 체벌에 대한 반대 입장을 명확히 하며, 학생의 권리와 교육적 대안을 함께 제시하여 대안을 모색하려는 태도가 돋보였습니다. 또한, 글의 구조가 명료하고, 각 주장의 근거가 설득력 있게 제시되어 논리적 사고력과 표현력을 갖춘 글쓰기 역량을 보여주었습니다.

이를 통해 학생들은 사상가에 대해 학습하며 이해가 안 되는 부분에 대한 도움을 받고, 교사는 맞춤형 수업이 가능해진다. 수업과 더불어 평가와 기록까지 연계하여 활용할 수 있다는 점에서 챗GPT는 유용한 도구라고 할 수 있다.

챗GPT로 사회 현상을 윤리적 관점에서 탐구하고 카드 뉴스 제작하기

1) 왜 사회 현상을 윤리적 관점으로 탐구해야 할까?	2) 챗GPT를 활용하여 카드 뉴스 제작하기	3) 카드 뉴스 제작 (with 캔바)

1) 왜 사회 현상을 윤리적 관점으로 탐구해야 할까?

사회 현상을 윤리적 관점에서 탐구해야 하는 일은 오늘날 우리가 마주하는 복잡한 문제들에 대한 깊이 있는 이해와 해결책을 찾기 위해 필수적이다. 기술의 발전, 경제의 글로벌화, 사회적 다양성의 증대와 같은 현상들은 인간 사회에 긍정적인 변화를 가져왔지만, 동시에 새로운 도전과 갈등을 초래했다. 이러한 도전은 단순히 과학적, 경제적 분석만으로는 해결될 수 없는 윤리적 문제들을 내포하고 있다.

이러한 상황에서 챗GPT를 활용하여 사회 현상을 탐구한다면 학생들은 사회 현상에 대한 윤리적 이해를 넓히고, 자신의 삶 속에서 적용할 수 있는 지혜를 얻을 수 있을 것이다.

고등학교 통합사회 교과서에서는 사회 현상을 윤리적 관점에서 탐구해야 하는 이유를 다음과 같이 기술하고 있다.

"윤리적 관점이란 좋고 나쁨, 옳고 그름과 같은 도덕적 가치 판단과 윤리적 방향성에 초점을 두고 사회 현상을 살펴보는 것이다. 인간에 의해서 나타나는 현상은 가치를 지니게 되고 이에 따라 옳고 그름과 같은 가치 판단이 가능하게 된다. 다양한 현상을 도덕적으로 평가하고 사회의 규범적 방향을 설정하는 데 도움을 주기 때문에 사회에서 일어나는 일을 도덕적 기준이나 가치의 관점에서 설명하고 평가해야 한다."[12)]

만약 학생들이 '왜 사회 현상을 윤리적 관점으로 탐구해야 하는지' 궁금해할 때 교사는 챗GPT를 활용하여 자세히 설명해 줄 수 있다.

교사 질문:
"사회 현상을 왜 윤리적 관점으로 탐구해야 하는지 궁금해하는 학생들에게 그 이유를 쉽고 자세하게 설명해 줘."

ChatGPT의 답변:
사회 현상을 윤리적 관점에서 탐구해야 하는 이유를 쉽게 설명해 줄게.

우리는 매일 다양한 상황과 문제를 마주하게 돼. 예를 들어 친구와의 갈등, 학교에서의 규칙, 뉴스에서 보는 사회 문제 등등 말이야. 이런 상황에서 무엇이 옳은지 그른지를 판단하는 것이 바로 윤리와 관련이 있어. 윤리는 우리가 올바르게 행동하기 위해 고려해야 할 원칙들을 말하는데, 이런 원칙은 우리 삶에서 아주 중요한 역할을 해.
사회 현상이라는 것은 우리 주변에서 일어나는 모든 일을 말해. 예를 들어 환경 오염, 빈부 격차, 차별 같은 것들이 사회 현상이야. 이 사회 현상들을 이해하고 해결하려면 단순히 "왜 이런 일이 일어났을까?"를 생각하는 것만으로는 충분하지 않아. 그 현상이 우리 삶에 어떤 영향을 미치는지, 그리고 우리가 어떤 식으로 행동해야 하는지까지 생각해 봐야 해. 이 과정에서 윤리적 관점이 필요하게 돼.
윤리적 관점으로 사회 현상을 탐구한다는 것은, 그 문제가 사람들에게 어떤 영향을 미치

12) 구정화 외 8인, 「통합사회」, 천재교육, 2018

는지, 우리가 어떤 행동을 해야 더 많은 사람에게 좋은 결과를 가져올 수 있는지 고민하는 것을 의미해. 예를 들어 환경 오염을 생각해 보자. 그냥 "공기가 더럽다"라고 생각하는 것에서 끝나는 게 아니라, "이 공기 오염이 사람들에게 어떤 영향을 미치고, 우리는 어떻게 해야 공기를 깨끗하게 만들 수 있을까?"라고 생각하는 거야. 그리고 그 과정에서 "모든 사람에게 공정한 해결책은 무엇일까?"를 고민하게 되는 거지.
또한, 윤리적 관점에서 문제를 생각하면 단기적인 이익이나 편리함에만 집중하지 않고, 더 오래 지속할 수 있는 모두에게 이로운 해결책을 찾을 수 있어. 이는 우리가 더 나은 사회를 만들어 나가는 데 중요한 역할을 해.
그래서 우리가 사회 현상을 윤리적 관점에서 탐구하는 것은 단순히 문제를 분석하는 것이 아니라, 그 문제를 어떻게 해결하고 더 나은 세상을 만들어 갈 것인지 깊이 고민하는 것을 의미해. 그리고 그 고민을 통해 우리는 더 나은 사람, 더 나은 사회 구성원이 될 수 있어.

이처럼 수업 시간이나 학생 활동 중 학생들이 교사에게 질문을 던졌을 때, 교사는 챗GPT를 통해 다양한 예시와 설명을 제공하여 학생들이 이해하기 쉽게 풀어낼 수 있다. 학생들 또한 챗GPT와의 대화를 통해 윤리적 문제를 더 깊이 생각하고, 자신의 의견을 정리하는 데 도움을 받을 것이다.

2) 챗GPT를 활용하여 카드 뉴스 제작하기

[카드 뉴스 제작 활동이 가지는 의미]

① 실제 문제 해결 학습(PBL)의 실현

학생들이 직접 다양한 사회적 이슈를 조사하고, 주제를 선정하기 위해 관련된 윤리적 문제를 고민하게 된다. 또한, 학습 내용을 현실과 연결 짓기 때문에 학생들의 흥미와 관심을 불러일으킬 수 있다.

② 디지털 리터러시 역량 강화

현대 사회에서 디지털 콘텐츠 제작은 필수 역량이다. 학생들은 디지털 도구를 활용해 전달하고자 하는 메시지를 효과적으로 전달하는 방법을 알게 된다.

③ 교육과정에서 원하는 통합적 인재 양성

정보의 선택, 재구성, 표현을 포함한 과정을 통해 학생들은 비판적 사고로 문제를 분석하고 윤리적 판단력을 기를 수 있으며 사회적 책임감을 더 깊이 체험할 기회가 될 수 있다. 또한, 다양한 이해관계를 살펴봄으로써 타인의 입장을 존중하고 공감하는 태도를 기르게 된다.

카드 뉴스를 만들기 위한 전체적인 과정은 다음과 같다.[13)]

- 카드 뉴스에 대한 방향을 설정한다.

- 카드 뉴스 기획서를 작성하고 취재한다.

- 기획 및 취재 내용을 바탕으로 뉴스를 새롭게 스토리텔링 한다.

- 기획서와 스토리텔링을 바탕으로 스토리보드를 작성한다.

---

13) 김양은, 박한철, 배은주 공저, 《뉴스로 전하는 세상 세상이 전하는 뉴스》, 한국언론진흥재단, 2015

- 스토리보드에 맞게 사진과 그림을 촬영하거나 자료로 수집한다.

- Canva를 이용하여 카드 뉴스 내용을 작성한다.

카드 뉴스 제작 과정을 크게 세 부분으로 나눈다면 기획서 작성, 스토리보드 작성, 카드 뉴스 제작으로 분류할 수 있다. 세 부분을 중심으로 자세히 설명하겠다.

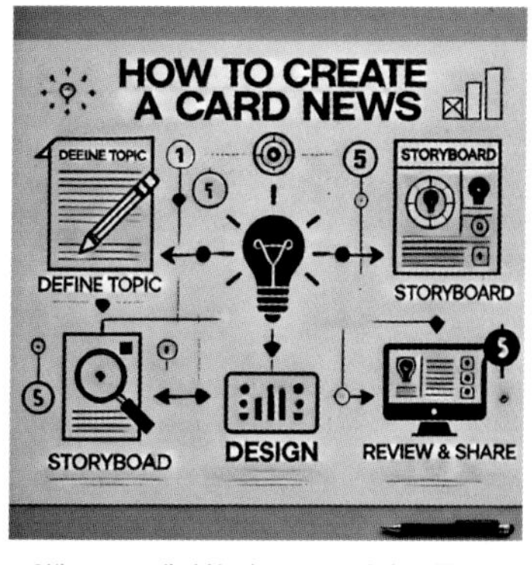

[챗GPT로 생성한 카드 뉴스 제작 흐름도]

[카드 뉴스 제작 과정]

① 기획서 작성하기

카드 뉴스를 제작하기 위한 가장 첫 번째 단계는 기획서를 작성하는 일이다. 여행을 떠나기 전 어디를 갈지, 무엇을 볼지 미리 계획하면 불필요한 혼란 없이 목적지까지 즐겁게 도착할 수 있는 것처럼 카드 뉴스의 기획이 제대로 되어야 일관된 방향성을 유지할 수 있다. 이를 통해 일관된 메시지와 흐름을 가진 콘텐츠를 제작할 수 있으며, 기획 초점이 흐트러지는 것을 방지한다. 또한, 제작 과정에서 불필요한 수정과 중복 작업을 줄일 수 있어 한정된 교과 수업 시간을 효율적으로 활용할 수 있다.

기획서는 <무엇을, 왜, 어떻게>라는 3요소를 고려하면서 작성한다.

- <무엇을> : 카드 뉴스의 주제를 생각하는 것
- <왜> : 카드 뉴스를 만드는 이유를 생각해 보는 것. 카드 뉴스의 핵심 내용, 제작 목적 등을 함께 생각
- <어떻게> : 제작 방법을 결정하는 것. 뉴스로 전하는 세상, 세상이 전하는 뉴스 인용

도덕 및 사회라는 두 과목에서 함께 다루기에 가장 적합한 주제인 '환경'을 예시로 들어 카드 뉴스 제작하기 과정을 풀어가 보자. '환경'이라는 주제는 우리 삶에 직접적인 영향을 미치기 때문에 일상 속에서 쉽게 체감할 수 있는 주제이므로 학생들이 자신의 경험을 바탕으로 창의적이고 흥미로운 콘텐츠를 만들 수 있다. 또한, 학생들이 카드 뉴스를 통해 환경 문제를 알리고 해결책을 제안하는 경험은 자신들이 미래에 환경을 지켜 나갈 주체임을 인식하는 기회가 된다.

예시로 소개할 카드 뉴스 만들기 활동은 실제로 필자가 고등학교 1학년을 대상으로 통합사회 시간에 수행평가로 진행했던 활동이다. 이 활동은 자신의 소비 형태가 환경 문제에 반드시 어떠한 영향을 끼치고 있음을 알아차리고 체감할 수 있도록 하는 데 목적을 두고 있다. 즉 우리는 소비자로서 '가치 있는 수요'를 통해 지역, 국가, 세계가 직면한 환경 문제를 '소비'라는 작은 실천으로 세계 문제 해결에 이바지할 수 있다는 효능감을 느끼게 하여 다양한 공동체의 구성원으로서 자신의 역할과 책임을 다하려는 자세를 지니게 하고자 한다. 또한, 다양한 환경 문제를 인식하고 그 원인과 현상을 파악하여 합리적인 해결 방안을 모색하고 가장 나은 의견을 선택하는 능력을 함양하는 것을 목표로 삼고 있다.

앞서 이야기한 기획의 3요소를 고려하여 만든 카드 뉴스 기획서 양식은 다음과 같다.

<table>
<tr><th colspan="2">항목</th><th>내용</th></tr>
<tr><td rowspan="3">What</td><td>내가 선택한 환경 문제</td><td>탄소 배출</td></tr>
<tr><td>내가 선택한 소비 항목</td><td>과도한 육식</td></tr>
<tr><td>카드 뉴스를 보는 대상은?
(누구를 이해시키고 싶습니까)</td><td>먹방을 즐겨 보는 우리나라의 중·고등학생</td></tr>
<tr><td rowspan="2">Why</td><td>이 카드 뉴스를 만드는 이유는 무엇인가?
(어떠한 의미를 청중들에게 전달하고 싶습니까)</td><td>우리나라의 중·고등학생들은 머리로만 환경 오염이 심각하다는 것을 알고 이를 해결하기 위한 자그마한 실천조차 하지 않은 채 생활하고 있다. 비록 개인의 작은 실천이 바로 환경 오염 해결에 즉각적인 해결이 될 수는 없어도 개개인이 모인 공동체의 힘은 굉장히 클 것이다. 따라서 미래를 살아갈 당사자인 학생들이 스스로 환경 오염의 심각성을 깨우치고 실천해야겠다는 다짐을 하도록 만들고 싶다.</td></tr>
<tr><td>카드 뉴스에 담을 내용
- 환경 문제의 원인
- 환경 문제가 심화되는 과정
- 원인과 과정 속에 보이는 소비 모습
- 구체적인 해결 방안</td><td>학생들이 즐겨 보는 ‘먹방’ 속에서도 찾아볼 수 있는 과도한 육식이라는 소비 행태를 지적하고 한 마리의 소를 키우기 위해 벌목되는 나무의 양, 소가 내뿜는 이산화탄소, 소의 먹이를 충당하기 위해 사용되는 곡물을 생산하기 위한 과정 및 사라지는 초원 면적, 소고기를 유통하는 과정에서 나오는 탄소 배출을 담을 예정이다.</td></tr>
<tr><td>How</td><td>어떤 자료로 카드 뉴스를 만들 것인가?
- 출처 작성</td><td>• 우리학교신문, (2024.04.27). 과도한 육류 소비, 환경 오염의 원인!
• 우리학교신문, (2023.06.05.). 소고기가 기후 변화에 미치는 영향은?
• 다음 데일리안, (2024.06.20.). 유튜버 인기 순위 ‘먹방’ 상위 랭킹
•</td></tr>
<tr><td colspan="2">나의 소감
- 새로 알게 된 점
- 힘들었던 점
- 느낀점</td><td></td></tr>
</table>

[카드 뉴스 기획서 양식(예시)]

✨ 교과 시간에 충분히 활용할 수 있도록 해당 양식을 구글 문서로 만들어 첨부한다.

카드 뉴스 기획서

<**무엇을**(What)>

- 소비 항목 및 환경 문제 선정: 카드 뉴스의 주제를 정하는 부분. 주제에 해당하는 예시는 교사가 미리 제시해 주는 것이 좋다. 이때 교사는 챗GPT의 도움을 받을 수 있다.

이해를 돕기 위해 필자가 제시한 활동으로 설명하겠다. 의외로 자신의 '소비'가 어떠한 환경 문제를 일으키는지 연관 짓기 어려워하는 학생이 많기에 먼저 소비 항목을 정하고 그로 인해 발생하는 환경 문제를 정하는 것이 좋다. 물론 예시는 예시일 뿐 이외에 자신이 탐구하고 싶은 내용이 있다면 얼마든지 선택해도 됨을 미리 알려 주도록 한다.

교사 질문:
"자신의 소비와 환경을 주제로 한 카드 뉴스를 만드는 활동에서 소비와 환경 오염을 연관시켜야 해. 소비 항목과 환경 오염의 예시를 각각 제시해 줘."

ChatGPT 답변:

1. 소비 항목

가. 패션 및 의류
- 패스트 패션: 저렴하고 빠르게 제작된 의류
- 고급 패션: 가죽, 모피 등

나. 식품 소비
- 포장된 음식: 플라스틱 용기와 비닐 포장
- 가공식품: 생산 과정에서 에너지와 물 소비

다. 전자제품
- 스마트폰, 태블릿, 노트북 구매: 자주 신제품 교체
- 가전제품: 오래된 제품 폐기

라. 일회용품
- 배달 음식 용기: 플라스틱, 스티로폼
- 종이컵과 빨대: 자주 사용 후 폐기

2. 환경 오염 예시

가. 패션 및 의류

- 수질 오염: 의류 염색 과정에서 독성 폐수 방출
- 토양 오염: 인공 섬유(폴리에스터 등)

나. 식품 소비

- 온실가스 배출: 가공식품 생산 과정
- 플라스틱 쓰레기

다. 전자제품

- 전자 폐기물 증가: 자원 낭비 및 중금속 누출
- 탄소 발자국: 생산 및 운송 과정

라. 일회용품

- 플라스틱 쓰레기: 해양 생태계 파괴
- 소각 과정에서 대기 오염

챗GPT는 소비 항목과 환경 오염을 대응하여 예시를 제시해 주었지만 교사가 학생들에게 제시할 때는 학생들이 직접 소비 항목과 환경 오염을 연관 지어 생각해 볼 수 있도록 각각 제시하는 편이 좋다. (다음 예시는 챗GPT 답변에 필자가 추가한 내용)

<소비 항목 예시>

화장품 / 오리, 거위 털 패딩 / 모피 / 청바지 / 포장지(과자, 택배 상자 등) / 빨대 / 샴푸 / 비닐봉지 / 팜유 / 선크림 / 휴대전화 / 공장식 축산 / 휴지 / 물티슈 / 종이컵 / 플라스틱 / 패스트패션(SPA) / 과도한 육식

<환경 문제 예시>

국지성 호우 / 폭염 / 바닷물 온도 상승 / 빙하 면적 감소 및 해수면 상승 / 태풍 / 무분별한 쓰레기 투기로 인한 침수 피해 / 물 부족 / 폐수 및 오수 무분별한 방류로 인한 해양 생태계 파괴 / 무분별한 벌목으로 인한 산림 파괴 / 황사 / 미세먼지 / 바다 위 플라스틱 섬 / 생물 다양성 감소 / 탄소 배출

- 카드 뉴스를 보는 대상 선정: 카드 뉴스에 사용되는 용어와 다룰 내용의 수준을 정하기 위한 작업이다. 실제로 자신이 만든 카드 뉴스를 그 대상에게 직접 보여 줄 것은 아니지만, 자신이 만들 카드 뉴스를 읽고 깨달음을 얻었으면 하는 대상이나 해당 환경 문제에 대해 가장 심각하게 받아들여야 할 대상으로 선정한다.

<**왜**(Why)>

- 카드 뉴스를 만드는 이유: 카드 뉴스를 보는 대상이 카드 뉴스의 내용을 보고 얻었으면 하는 깨달음, 카드 뉴스를 만듦으로써 얻고자 하는 의미에 대해 구체적으로 작성하면 된다.
- 카드 뉴스에 담을 내용: 뉴스이기 때문에 정보 전달을 기본으로 하되 카드라는 특성상 시각적 흥미를 유지하는 것이 중요하다.

● 환경 문제의 원인: 환경 문제가 왜 발생하는지 명확히 정리한다.

● 환경 문제가 심화하는 과정: 환경 문제가 어떻게 악화하는지 흐름을 보여주는 내용을 작성한다. (예를 들어 탄소 배출로부터 지구온난화가 어떻게 이어지는지에 대한 과정)

● 원인과 과정에 보이는 소비 모습: 환경 문제의 원인과 과정에서 사람들이 소비 방식이 어떤 역할을 하는지 강조해야 한다. (예를 들어, 과도한 육식 → 탄소 배출 → 지구온난화 심화와 같은 논리적 순서를 제시)

● 구체적이고 실현 가능한 해결 방안: 학생들(시민들)이 쉽게 실행할 수 있는 작은 실천 방안을 제시한다. 나아가 기업이나 나라에서 실제로 해당 환경 문제를 해결하기 위해 실행하고 있는 일이나 정책 등을 소개한다. 더불어 제시한 소비 형태를 근본적으로 다루는 해결 방안까지 제시하도록 한다.

<**어떻게**(How)>

- 카드 뉴스 내용을 가져오게 된 출처: 공신력 있는 자료를 활용하도록 한다.

※ 학생들이 카드 뉴스를 만들 때 출처를 밝혀야 하는 이유

1. 정보의 신뢰성 확보: 사용된 정보가 믿을 만한 곳에서 온 것임을 보여 주어 카드 뉴스의 신뢰도를 높일 수 있다.
2. 저작권 존중하는 태도: 저작권 존중이 콘텐츠 제작자의 필수적인 자세임을 학생들이 학습할 기회가 된다.
3. 추가 정보를 제공: 독자들이 더 깊이 알고 싶을 때, 출처를 통해 원문이나 자료를 찾아볼 수 있도록 도움을 줄 수 있다.

② 스토리보드 작성하기

스토리보드는 완성된 카드 뉴스의 '설계도'와 같으므로 이를 잘 만들어 두면 결과물을 교과 시간 내에 효율적이고 명확하게 만들어 낼 수 있다. 따라서 핸드폰보다는 노트북이나 태블릿과 같은 도구로 자료를 조사하는 시간을 교과 시간에 따로 주어 구체적인 내용을 작성할 수 있도록 한다.

※ 스토리보드를 만드는 이유

1. 기획서의 카드 뉴스에 담을 내용에 적어 두었던 틀을 토대로 카드 뉴스의 전체적인 흐름과 내용을 체계적으로 정리할 수 있다.
2. 카드 뉴스 결과물을 제작하는 과정에서 불필요한 수정 작업을 줄이고 한정된 교과 시간 내에 효율적으로 완성할 수 있다.
3. 자신이 전달하고자 하는 핵심 메시지가 빠짐없이 구성되었는지 미리 점검할 수 있다.

순서	카드 뉴스 내용	예상 슬라이드 구성
1	**표지** - 제목: 무심코 즐겨 본 먹방이 탄소를 배출한다고? - 학번 이름	이 부분은 학생들이 구성한다.
2	**트렌드가 된 먹방 속 과도한 육류 소비** - 여러분은 어떤 먹방을 즐겨 보시나요? - 주로 소비되는 먹방 콘텐츠 속 음식의 비율 - '트렌드 코리아 2023'에 소개된 '디깅 모멘텀(Digging Momentum)' 현상의 일환으로 볼 수 있다는 것 (자신의 취향에 맞는 한 분야를 깊이 파고드는 행위를 하는 사람들이 늘어나는 트렌드를 지칭하는 말로, 관심을 넘어 소비까지 직결된다.)	
3	**소고기 1kg을 만들기 위해서는?** - 25.6kg의 이산화탄소 발생 (소 도축 과정에서 배출되는 메탄가스와 소를 키우기 위해 대지의 용도를 변경하면서 생기는 현상) - 소 사육 시 1만 5,415L의 물 소요	
4	**소고기 1kg을 만들기 위해서는?** - 채소 1kg을 생산하기 위해서 322L의 물 소요	
5	- 소들은 되새김질을 많이 하기 때문에 트림을 자주 함. - 소들이 트림을 할 때 발생하는 메탄가스는 이산화탄소와 함께 지구 온난화의 원인 중 하나 - 메탄은 이산화탄소보다 열을 20배 더 함유. 이는 사람이 생산하는 메탄 중 28%를 차지.	
6	- 고기를 해외에서 수입할 때, 해외에서 우리나라로 이송되는 과정(비행기나 배와 같은 이동 수단)에서도 각종 오염물질 발생	

[카드 뉴스 스토리보드 양식(예시)]

교과 시간에 충분히 활용할 수 있도록 해당 양식을 구글 문서로 만들어 첨부한다.

카드 뉴스 스토리보드

③ 카드 뉴스 제작하기

챗GPT를 활용하여 카드 뉴스를 제작하는 활동은 학생들이 디지털(AI) 기술을 활용해 다양한 정보를 효율적으로 수집하고, 이를 바탕으로 깊이 있는 분석을 수행할 수 있는 능력을 기를 수 있게 한다. 이러한 도구는 많은 양의 정보를 쉽게 접근하게 해 줄 뿐만 아니라, 학생들이 창의적으로 사고하고 여러 시각에서 문제를 바라보며 비판적 사고를 발전시킬 기회를 제공한다. 아울러 AI 도구를 통해 학생들은 단순한 정보의 수집을 넘어, 복잡한 문제를 여러모로 분석하고 논리적으로 전개하는 능력을 배양할 수 있다.

학생들은 카드 뉴스에 넣을 이미지 자료를 실제 기사에 첨부된 사진 자료나 신뢰할 수 있는 곳에서 가져온 도표, 사진(그림)을 활용할 수 있다. 혹은 챗GPT에 인포그래픽을 생성해 달라고 부탁할 수 있다. 이때 챗GPT에 이미지를 만들어 달라는 단순한 프롬프트를 작성하면 확장자가 .WEBP인 파일로 생성해 준다. 이는 이미지 파일이 아니므로 캔바로 카드 뉴스를 만들 때 업로드할 수 없다. 따라서 프롬프트를 작성할 때 반드시 확장자를 jpg 혹은 jpeg인 파일로 만들어 달라는 요청을 추가해야 한다.

학생 질문:
"소먹이인 채소 1kg을 생산하기 위해서 322L의 물이 소요되는 모습을 인포그래픽 형태로 확장자 jpg나 jpeg 파일로 생성해 줘."

ChatGPT의 답변:

3) 카드 뉴스 제작 (with 캔바)

필자는 실제 수행평가로 환경 카드 뉴스 만들기를 진행했을 때 구글 클래스룸과 연동하여 캔바를 사용했다. 그러나 그 방식은 꽤나 복잡하고, 이 장에서 설명하다가 주객이 전도될 수 있기 때문에 캔바 사용법만 간단히 소개하겠다. 캔바는 그 자체만으로도 과제를 제시하고 제출할 수 있는 훌륭한 에듀테크이다. 즉 과제 제출을 하지 않은 학생을 닦달할 필요가 사라지게 된다.

① 교육용 Canva 신청하기

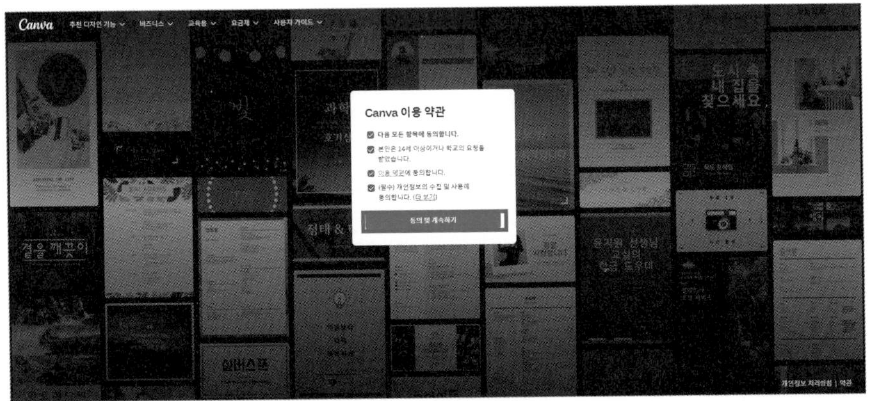

캔바 홈페이지(www.canva.com)에 들어가 이용 약관을 모두 체크한 뒤 시작하기를 누른다.

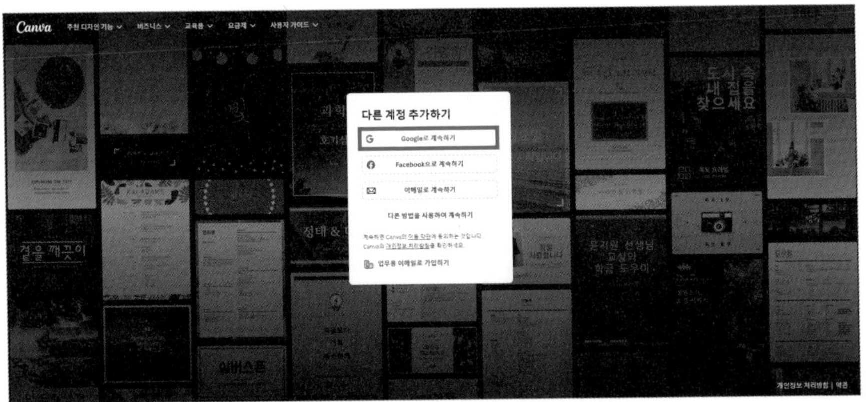

구글 계정으로 로그인하는 것이 가장 간편하다.

★ 만약 교사와 학생 모두 학교 계정으로 로그인을 한다면, 구글 클래스룸과도 연동하여 활용할 수 있다.

오른쪽 상단 "⚙" 모양 버튼(설정 버튼)을 누른다.

상단의 탭 중 '교육용'을 클릭하고, '교사 및 학교'를 선택한다.

선생님 인증하기 버튼을 누른다.

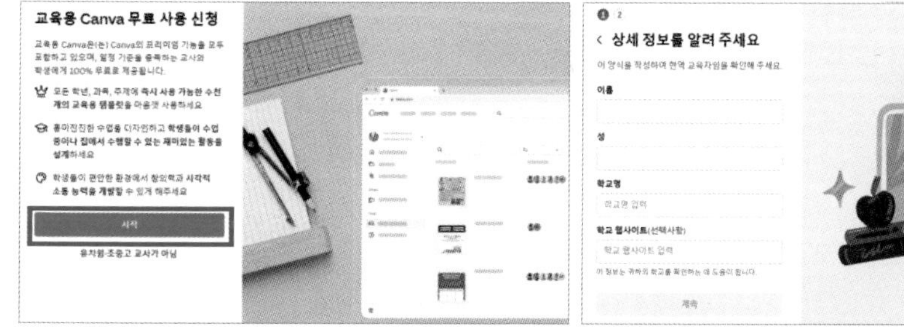

시작 버튼을 누른다. 이름, 성, 학교명 등 상세 정보를 입력한다.

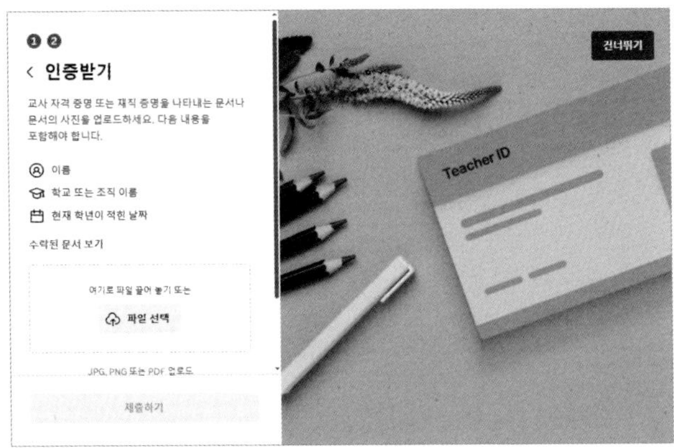

교사임을 나타내는 문서를 업로드하면 된다.
주로 재직증명서(한글로 된 것도 가능)를 많이 제출한다.

검토 중이라는 문구가 나온다.
보통 일주일 이내로 승인된다고 하지만 거의 하루이틀 만에 나오는 듯하다.

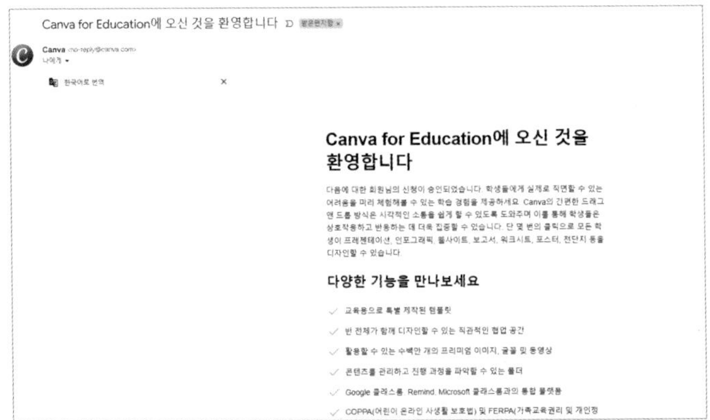

일주일 안으로 구글 메일(Gmail)에 교육용 캔바가 인증되었다는
메일이 오면 교육용 캔바 신청이 승인된 것이다.

캔바 사이트로 접속한 후 로그인을 하면 위와 같은 화면을 볼 수 있다.

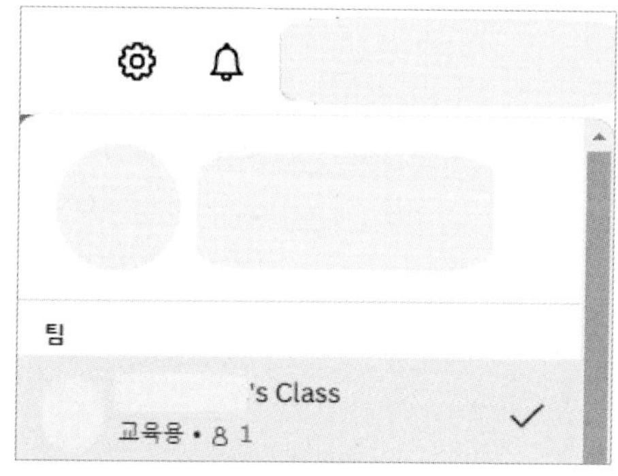

로그인한 뒤 캔바 사이트의 오른쪽 상단을 보면 내 계정이 교육용임을 알 수 있다.

★ 교사 인증에 필요한 서류로 캔바가 인정하는 서류

- 교사 자격을 나타내는 면허증/자격증의 사진 또는 스캔본
- 캔바 홈페이지에서 요청한 학교의 취업 상태를 보여 주는 사진 또는 스캔
- 교직자 신분을 나타내는 학교 신분증 사진 또는 스캔본
- 정부가 인정하고 공식적으로 공인한 K-12(초등학교, 중등학교 또는 대학 입학 전) 교육 기관으로서의 조직의 지위를 증명하는 문서

② 교육용 Canva에 학생 초대하기

오른쪽 상단 "⚙" 모양 버튼(설정 버튼)을 누른다.

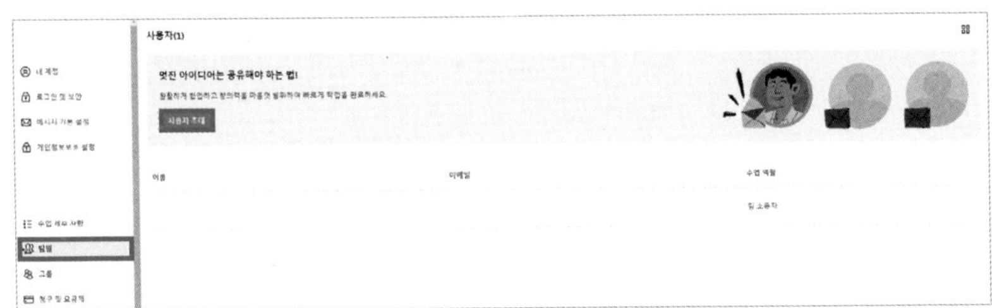

왼쪽 탭에서 '팀원'을 먼저 선택한 후, '사용자 초대'를 클릭한다.

초대 코드로 수업에 참여하세요

초대 코드가 없으면 강사에게 문의하세요.

초대 코드 입력 | 참가

교사가 링크를 학생들에게 공유하고, 학생들이 인터넷 주소창에 링크를 입력하면 학생들의 화면에는 다음과 같은 창이 보인다. ※ 링크를 공유할 땐 QR코드로 만들어 공유하면 편리하다.

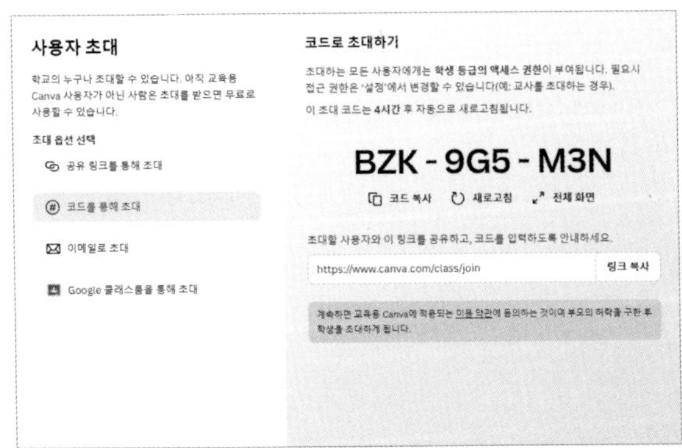

학생들은 교사가 보여 주는 코드를 입력하고 교육용 캔바에 참여할 수 있다.

③ 학생들이 만든 결과물을 교사에게 제출하기

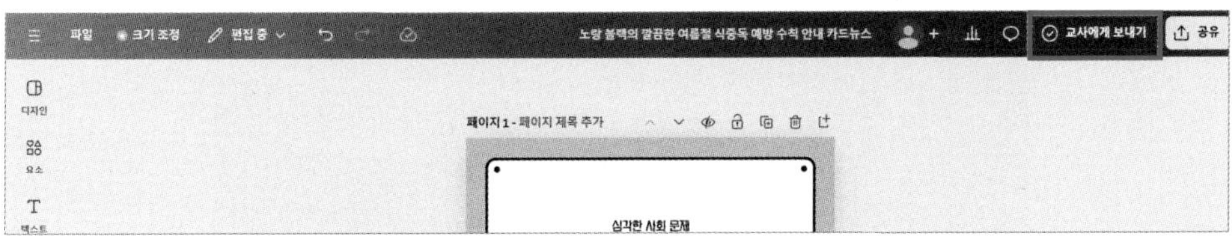

오른쪽 상단 '교사에게 보내기' 버튼을 누른다.

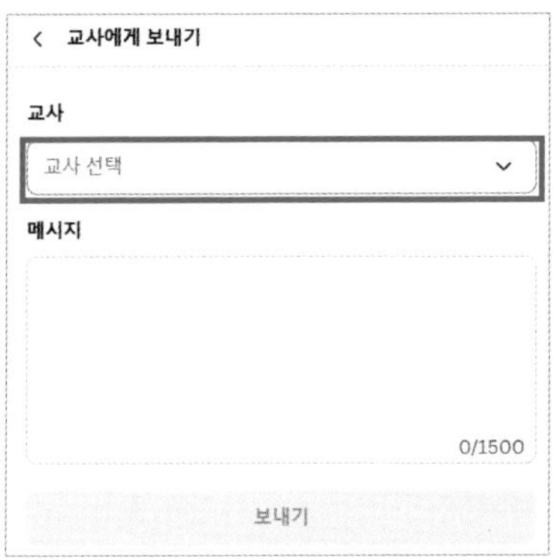

해당 교사를 선택하고 과제 제출에 대한 메시지를 적는다.

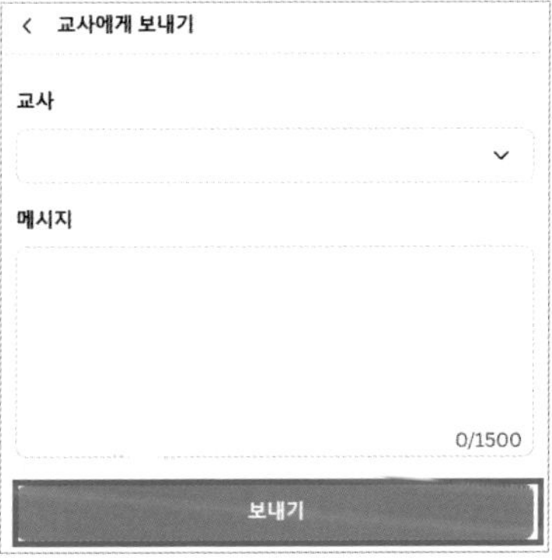

'보내기' 버튼을 누른다.

'의견 기다리는 중'이라는 문구가 뜨면 과제 제출이 완료된 것이다.

④ QR코드 생성하기

네이버(NAVER) 사이트에 접속해 'QR코드 만들기'라고 검색한 뒤, 해당 페이지 링크를 클릭하면 다음과 같은 화면이 뜬다. '코드 생성'을 클릭한다.

원하는 QR코드 모양을 자유롭게 설정하고, '다음' 버튼을 누른다.

캔바에서 복사해 온 URL 링크를 활용할 것이기에 'URL 링크'를 선택한 뒤, '다음' 버튼을 누른다.

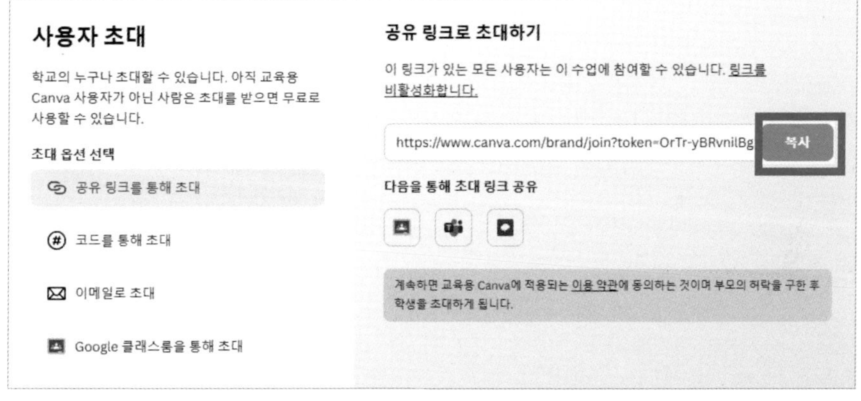

캔바 사이트의 초대 공유 링크를 복사한다. ※ 교육용 Canva에 학생 초대하기 파트 참조
오른쪽 상단 "⚙" 모양 버튼(설정 버튼) → 왼쪽 탭에서 '팀원' 선택 → '사용자 초대'

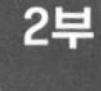

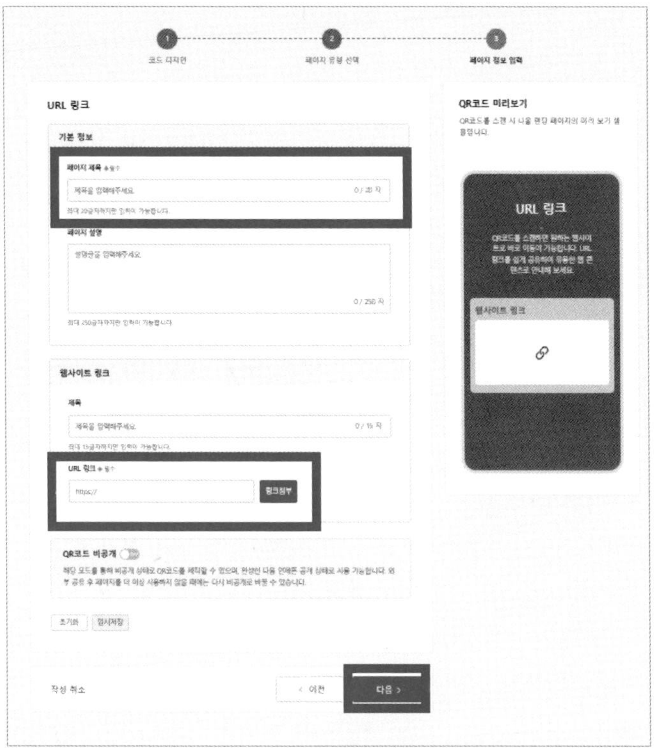

필요한 내용을 작성하고, 캔바에서 복사해 둔 초대 공유 링크를 붙여 넣기 한 뒤, '링크 첨부' 버튼을 누른다. 모든 작업이 끝났다면 '다음' 버튼을 누른다.

QR코드가 생성된다.

윤리는 인간이 올바르게 행동하고 공동체 내에서 조화를 이루기 위해 반드시 고려해야 할 원칙들을 제시한다. 그러나 현실 속의 윤리적 문제들은 그리 단순하지 않다. 다양한 가치관과 이해관계가 충돌하는 가운데, 우리는 어떤 선택이 진정으로 옳은 것인지 판단하기 위해 깊이 있는 성찰과 탐구가 필요하다. 사회 현상은 이와 같은 윤리적 갈등의 연속선상에서 발생하며, 이러한 현상을 윤리적 관점에서 탐구하는 것은 그 근본 원인을 파악하고, 보다 공정하고 지속 가능한 해결책을 모색하는 데 중요한 역할을 한다.

이 장은 학생들이 현대 사회가 직면한 다양한 문제들을 윤리적 관점에서 탐구할 수 있도록 돕기 위해 쓰였다. 윤리적 접근을 통해 학생들은 단순히 표면적인 현상에 머무르지 않고, 그 이면에 숨겨진 인간적이고 도덕적인 고민을 발견할 수 있을 것이다. 이를 통해 학생들은 더 나은 사회를 만드는 데 이바지할 수 있는 통찰력을 갖출 수 있을 것이다.

챗GPT로 모의재판 실습하기

1) 모의재판 수업의 어려움	2) 기본권 침해 사례 탐구하기	3) 재판 절차 이해하기	4) 모의재판 시나리오 작성하기

이 장에서는 챗GPT를 활용하여 학생들의 모의재판 활동의 효과를 높일 수 있도록 지원하는 방법을 소개한다. 모의재판 수업은 학생이 재판 과정에서 필요한 역할을 맡아 실제 재판을 하듯이 진행한다. 실제 재판은 여러 과정을 거쳐 이루어지지만, 모의재판 수업에서는 학생의 수준, 주제에 따라 교사가 과정을 생략하거나 추가할 수 있다. 또한, 배심제를 적용하여 배심원 역할을 맡은 학생들이 판결을 내려 참여도를 높인다. 본 장에서 모의재판 수업은 주제 선정, 배역 선정, 대본 작성, 판결문 작성, 모의재판의 진행, 배심원단의 토의 및 판결의 과정으로 구성하였다.

이 과정에서 챗GPT는 학생들이 기본권 침해 사례를 탐구하여 주제를 선정, 재판 절차 이해, 모의재판 대본 작성, 판결문 작성하는 데 있어 유용하게 활용된다.

1) 모의재판 수업의 어려움

모의재판 수업은 학생들이 법과 재판 과정을 올바르게 이해할 수 있도록 하기 때문에 많이 활용되는 방법이지만, 실제로 진행할 때 여러 가지 어려움이 있다.

- 사례 부적절성: 학생들이 쉽게 이해하고 현실적으로 접근할 수 있는 사례를 찾기 어려워 학습 효과가 떨어질 수 있다.
- 반론의 어려움: 학생들이 각자의 주장을 논리적으로 반박하기 어렵거나, 반박 논거를 찾기 힘든 경우가 많다.
- 소요 시간: 재판 절차를 익히고 진행하는 데 시간이 오래 걸려 다른 학습 내용과 병행하기가 어려운 점이 있다.

챗GPT를 활용하면 이러한 모의재판 수업의 어려움을 보완하여 학습 효과를 효과적으로 이끌어 낼 수 있다.

2) 기본권 침해 사례 탐구하기

학생들은 기본권 침해와 관련된 실제 사례를 뉴스 기사나 자료에서 찾아 챗GPT와 함께 분석할 수 있다.

① 뉴스 기사 분석하기

학생들은 기본권 침해가 의심되는 사례의 기사를 챗GPT에 입력하여 모의재판에서 활용할 수 있도록 논의될 기본권을 분석해 달라고 요청할 수 있다. 챗GPT는 기본권의 종류와 헌법 조항을 짚어 주며 사건의 맥락을 이해하도록 돕는다.

학생 질문:
"이 사건에서 어떤 기본권이 침해되었는지 알려 줘. 관련 대한민국의 법 조항도 설명해 줘." (뉴스 기사 본문을 복사하여 챗GPT 대화창에 입력한다.)

ChatGPT의 답변:
이 사건에서는 학생의 신체의 자유와 안전권이 심각하게 침해되었습니다.

신체의 자유: 우리 헌법 제12조 제1항에서는 개인의 신체가 국가로부터 부당한 간섭이나 침해를 받지 않고 자유롭게 존재할 권리를 보장하고 있습니다. 폭행을 당한 피해 학생의 경우 신체적 자유가 심각하게 침해된 사례로 볼 수 있습니다. 특히 폭력적인 행위가 발생했고, 이를 막지 못한 것은 헌법에서 보장하는 신체의 자유를 침해하는 것으로 볼 수 있습니다.
안전권: 헌법 제10조에서는 모든 국민이 인간으로서 존엄과 가치를 가지며 행복을 추구할 권리가 있다고 명시하고 있으며, 이에는 신체적 안전과 정신적 안정을 포함합니다. 폭행을 당한 여학생이 느꼈을 신체적 고통과 두려움은 안전권의 침해에 해당합니다. 피해 학생이 폭행 이후 보복에 대한 두려움을 느끼고 있다는 점에서도 헌법에서 보장하는 안전권이 훼손된 상황으로 판단할 수 있습니다.
또한, 학교가 이러한 폭력을 사전에 예방하거나 막지 못한 점에서 학생의 안전을 충분히 보호하지 못한 것으로 볼 수 있습니다.

② 기본권 충돌 사례 제안받기

기본권 간의 충돌 사례를 챗GPT에 묻고, 이를 바탕으로 학생들은 서로 다른 기본권이 어떻게 대립하고 해석될 수 있는지 학습할 수 있다.

학생 질문:
"모의재판 수업을 하기 위한 기본권이 충돌하는 사례를 알려 줘."

ChatGPT의 답변:

표현의 자유 vs. 명예권 (인격권): 학생이 SNS에 다른 학생에 대한 비판적 의견을 올렸을 때 한쪽은 표현의 자유를 주장하고, 다른 한쪽은 명예훼손으로 인해 자신의 명예권이 침해되었다고 주장하는 경우입니다. 이 사례에서는 어느 쪽의 기본권이 더 우선되는지에 대한 논의가 필요합니다.

프라이버시 권리 vs. 알 권리: 공익을 위해 고발을 목적으로 특정인의 사생활 정보를 공개할 때 생기는 충돌입니다. 예를 들어, 학교 내에서 발생한 불법적 활동에 대해 학생이 내부 정보를 공개할 때 사생활 보호와 공익을 위한 정보 공개 사이의 균형을 찾는 것이 쟁점이 될 수 있습니다.

종교의 자유 vs. 교육권: 특정 종교적 이유로 수업(특히 과학 수업이나 체육 수업 등)을 거부하는 학생과, 이를 교육의 일환으로 참여해야 한다는 학교의 입장이 충돌할 수 있습니다. 여기서는 학생의 종교적 신념을 보호하면서도 교육의 필요성을 어떻게 조화시킬 **것인가가 주요 쟁점이 됩니다.**

자유권 vs. 공공의 안전: 학생이 호신용품이나 특정 위험 물품을 소지하는 경우, 한쪽은 자신을 보호할 권리(자유권)를 주장하지만, 다른 쪽에서는 학교 내 다른 학생들의 안전을 지켜야 한다는 공공의 안전을 주장합니다.

3) 재판 절차 이해하기

모의재판 활동을 하기 위해서 학생들은 재판의 절차를 인지하고 있어야 한다. 복잡한 재판의 절차를 쉽게 이해하는 데 챗GPT를 활용할 수 있다.

① 재판 절차 안내받기

챗GPT에 재판 절차의 기본 단계(사건 개요 작성, 주장 및 반론 준비, 판결 등)를 설명해 달라고 요청하여 실제 재판이 어떻게 진행되는지에 대한 기초 지식을 쌓을 수 있다.

학생 질문:
"모의재판 수업을 위해 재판 절차를 간략하게 알려 줘."

ChatGPT의 답변:
모의재판에서 사용하는 재판 절차는 실제 법원의 진행을 간소화한 것입니다. 일반적인 절차를 간략히 정리하면 다음과 같습니다:

1. 개정 선언
재판장이 재판의 시작을 알립니다.
"지금부터 [사건명] 사건에 대한 재판을 시작하겠습니다."와 같은 선언을 합니다.

2. 출석 확인 및 소개
원고(또는 검찰)와 피고, 그리고 변호인단이 자신을 소개합니다.
예: "저는 원고를 대리하는 [이름] 변호사입니다."

3. 원고(검찰)의 진술
원고 측 또는 검찰이 사건의 개요를 설명하고 주장합니다.
"이 사건은 [피고의 행동]으로 인해 [원고가 겪은 피해]에 관한 것입니다."

4. 피고의 진술
피고 측이 자신의 입장을 밝힙니다.
"피고는 [주장]에 대해 동의하지 않으며 무죄를 주장합니다."

5. 증거 제출 및 증인 신문

원고 측 증거 및 증인

원고 측에서 증거를 제출하고 증인을 불러 질문합니다.

피고 측 변호인이 반대 신문(질문)을 진행합니다.

피고 측 증거 및 증인

피고 측에서 자신의 증거를 제출하고 증인을 불러 질문합니다.

원고 측 변호인이 반대 신문을 진행합니다.

6. 최종 변론

원고 측과 피고 측이 각각 사건의 핵심을 정리하고 최종 주장(결론)을 제시합니다.

예: “따라서 피고는 [결과]를 받아야 합니다.”

7. 판결

재판장이 사건의 모든 자료와 진술을 바탕으로 판결을 내립니다.

예: “피고는 [유죄/무죄]이며, [형벌]을 선고합니다.”

8. 폐정 선언

재판장이 재판의 종료를 선언합니다.

“이상으로 재판을 마치겠습니다.”

모의재판은 각 단계에서 창의적이고 논리적인 주장을 통해 학습 효과를 높일 수 있는 활동입니다. 연습할 때 각자의 역할을 분명히 하고, 법적 용어와 논리 전개에 신경 쓰는 것이 중요합니다!

② 역할별 업무 이해하기

각 역할(판사, 변호사, 검사 등)의 역할과 책임을 설명받아, 학생들이 모의재판에서 맡은 역할을 효과적으로 수행할 수 있도록 한다.

학생 질문:

“재판 과정에 누가 참석하며, 어떤 역할을 맡는지 알려 줘.”

ChatGPT의 답변:

모의재판에 참여하는 주요 인물들과 각 역할은 실제 법정 절차를 기반으로 구성됩니다. 역할은 사건의 성격과 교육적 목표에 따라 다를 수 있지만, 일반적으로 다음과 같습니다:

1. 재판부

재판장(판사)

재판의 진행을 총괄하고 공정성을 유지합니다.

양측의 진술과 증거를 검토한 후 최종 판결을 내립니다.

발언권을 부여하거나 제한하며 절차를 통제합니다.

배심원(선택 사항)

사건의 증거와 진술을 듣고 유무죄나 책임 여부를 판단합니다.

실제 판결은 판사가 내리지만 배심원 의견은 반영될 수 있습니다. …… (중략)

4) 모의재판 시나리오 작성하기

본격적인 모의재판 활동에서는 챗GPT를 이용하여 사건 분석, 반박 논리 구성 등 다양한 방식으로 학생들의 사고력을 강화할 수 있다.

① 사례 분석 및 사건 개요 작성

챗GPT에게 모의재판을 위한 사건 개요 작성을 요청하고 사건의 주요 쟁점을 파악한다.

학생 질문:
"종교의 자유와 교육권이 침해되는 사례로 모의재판을 하려고 해. 사건 개요를 작성해 줘."

ChatGPT의 답변:

사건 개요

사건 배경

한 고등학생인 A군은 특정 종교를 믿고 있으며, 이 종교에서는 신체를 노출하거나 남녀가 함께 활동하는 체육 활동을 엄격히 제한하고 있습니다. A군의 종교적 신념에 따라 부모님도 체육 수업을 포함해 이러한 활동에 불참시키기로 했습니다.

사건 발생

학교 측은 체육 수업이 학생의 건강과 전인교육에 필수적이며, 교육과정에 따라 모든 학생이 체육 수업을 이수해야 한다고 강조했습니다. 그러나 A군은 종교적 신념을 이유로 체육 수업에서 제외되기를 원했고, 불참을 허용하지 않는 학교 방침에 따라 수업에 참여하지 않으면 학점에 불이익을 받는 상황에 놓였습니다. A군과 부모는 이로 인해 종교의 자유가 침해되고 있다고 주장하며, 학교의 강제적인 참여 요구에 대해 법적 대응을 결정했습니다.

양측 주장

A군과 부모 측(피고 측): A군의 종교적 신념에 따라 체육 수업을 거부할 권리가 있으며, 학교의 강제적 수업 참여 요구는 헌법에서 보장하는 종교의 자유를 침해한다고 주장합니다.

학교 측(검사 측): 학교는 체육 수업이 국가 교육과정에서 요구하는 필수 수업이며, 학생의 전인적 발달을 위해 필요하다는 입장입니다. 또한, 특정 학생에게 예외를 허용할 경우 형평성 문제와 전체 교육에 미치는 영향이 크다고 주장합니다.

② 챗GPT를 활용한 모의재판 시뮬레이션

학생들은 판사, 검사, 변호사 등 역할을 나누고, 각 역할에 필요한 준비 사항을 챗GPT를 통해 연습할 수 있다.

예를 들어, 변호사를 맡은 학생의 상황에서 다음과 같이 활동을 진행할 수 있다.

학생 질문:

"이 사건으로 모의재판을 진행하려고 해. 나는 변호사 역할이고, 재판을 진행해 주면 나의 순서에 답변을 해볼게."

ChatGPT의 답변:

[재판 개회]

판사: 본 법정은 A군의 종교적 신념에 따른 체육 수업 불참과 관련하여, 종교의 자유와 교육권의 충돌에 대한 판단을 내리기 위해 열렸습니다. 모든 관계자는 차례대로 발언해 주시기 바랍니다.

판사: 먼저, 검사 측에서 사건에 대한 개요와 주장을 말씀해 주십시오.

검사: 네, 검사 측입니다. 이번 사건은 A군이 종교적 이유로 학교 체육 수업에 불참을 요청했으나, 학교가 이를 허용하지 않으면서 발생한 갈등입니다. 우리는 모든 학생이 교육과정의 필수 수업을 이수할 의무가 있다고 생각하며, 예외를 허용할 경우 교육적 형평성과 전체 학습 환경에 영향을 미칠 수 있다고 주장합니다. 따라서 학교 측의 방침은 학생의 전인적 발달을 위한 합리적 결정입니다.

판사: 감사합니다. 그럼 변호인 측에서 피고의 입장을 말씀해 주십시오.

학생 답변:

"'모든 사람은 종교의 자유를 보장받아야 하며, 헌법에 명시되어 있습니다.' 라고 말하면 될까?"

ChatGPT의 답변:
변호인: 네, 변호인 측입니다. 우선 헌법 제20조에 따라 모든 국민은 종교의 자유를 보장받아야 합니다. A군은 특정 종교의 신념에 따라 체육 수업 참여가 불가능한 상황이며, 이는 단순한 개인의 선호가 아니라, 신념에 기초한 중요한 결정입니다. 따라서 종교적 이유로 체육 수업에 참여하지 않을 권리가 A군에게 주어져야 합니다. 학교의 방침이 종교의 자유를 침해한다고 주장하며, 예외를 인정해야 한다고 생각합니다.
판사: 변호인 측의 주장을 확인했습니다. 다음으로 검사 측에서 변호인 측 주장의 반박을 말씀해 주시기 바랍니다.

학생이 변호인의 입장에서 답변을 하면 챗GPT는 부족한 부분을 보완하여 변호인의 진술을 보다 완성도 있게 만들어 주고, 재판 진행을 이어간다.

학생 답변:
"이에 대한 검사의 반박이 떠오르지 않아."

ChatGPT의 답변:
검사: 변호인 측이 주장한 바와 같이 헌법 제20조는 모든 국민에게 종교의 자유를 보장하고 있습니다. 그러나 학교는 헌법에 따른 교육권을 실행할 책임이 있으며, 모든 학생이 기본 교육과정을 이수할 수 있도록 규정하고 있습니다. 체육 수업은 학생의 건강과 전인적 성장을 돕는 필수 과목입니다.
학교에서 특정 학생에게 예외를 허용할 경우 다른 학생들의 형평성에 영향을 미칠 뿐 아니라, 전체 교육 체계에도 불균형을 초래할 수 있습니다. 또한, 체육 수업이 학생의 의사소통 능력과 협동심을 키우는 중요한 기회이기 때문에 이를 종교적 이유로 면제하는 것은 교육권을 훼손할 수 있습니다.
이러한 반박 논리를 사용하여 종교의 자유와 교육의 의무 간에 균형을 유지하는 것이 중요함을 강조할 수 있습니다.

변호사는 챗GPT의 도움을 받아 자신의 입장을 논리적으로 펼칠 수 있는 주장을 준비한다. 챗GPT에게 다양한 주장을 생성해 달라고 요청해 구체적인 논거를 얻을 수 있다.

③ 판결 요청 및 판결문 작성하기

학생은 모든 주장을 정리한 후 판결을 내린다. 챗GPT에 사건의 판결을 요청해 보고 학생이 내린 판결과 비교해 볼 수 있다. 학생들은 챗GPT가 제공한 검사와 변호사의 주장 및 학생 본인의 반박을 참고하여 최종 판결문을 작성한다. 이 과정에서 챗GPT의 논리를 인용하거나 자신의 견해를 덧붙여 더욱 명확하고 설득력 있는 판결문을 완성한다.

④ 모의재판 시나리오 작성 및 공유

모의재판 수업을 할 수 있는 차시가 부족하다면 판결문 완성 및 공유로 수업을 마쳐도 되지만, 시간이 충분하다면 앞에서의 학습을 바탕으로 시나리오를 작성하고 시나리오에 따른 발표를 한다면 모의재판 학습의 효과를 높일 수 있다.

모의재판 시나리오는 대한민국법원 자료실의 모의재판 시나리오 및 지도안을 참고하여 지도할 수 있다. 해당 양식을 다운받아 시나리오를 작성한다면 완성도 있는 시나리오가 될 수 있다. 작성한 시나리오에 따라 역할별로 재판을 진행하고, 친구들의 의견과 피드백을 통해 판결에 대한 다양한 관점을 고려하는 시간을 가질 수 있다.

QR check!

{QR 링크: 중고생을 위한 수준별 모의재판 시나리오 연구(별책), 대한민국 법원}

아래는 챗GPT를 활용하여 모의재판 수업을 진행한 후 학생들이 작성한 모의재판 시나리오의 간략한 예시이다.

1. 사건 개요 발표

재판장: 오늘 재판은 A군이 종교적 신념에 따라 체육 수업을 거부했으나, 학교가 이를 허용하지 않아 학점 불이익을 받은 사건입니다. A군과 그의 부모는 학교의 방침이 헌법상 보장된 종교의 자유를 침해한다고 주장하며, 학교 측은 체육 수업이 모든 학생에게 필수적이라고 맞서고 있습니다. 공정하고 객관적인 판단을 위해 양측의 주장을 심리하겠습니다.

2. 원고(검사 측) 진술

검사: A군이 종교적 신념을 이유로 체육 수업을 거부하는 것은 이해하지만, 체육 수업은 국가 교육과정에서 요구하는 필수 수업입니다. 학교는 학생들의 건강과 전인적 발달을 목표로 교육을 제공합니다. 특정 학생에게 예외를 허용한다면 형평성 문제와 다른 학생들에게 부정적 영향을 미칠 수 있습니다. 따라서 학교의 방침은 정당합니다.

3. 피고 진술

피고: 체육 수업 참여 강요는 A군의 종교적 신념과 헌법상 보장된 종교의 자유를 침해합니다. 학교가 교육 과정 준수를 이유로 종교적 예외를 인정하지 않는 것은 다원적 사회의 가치를 훼손하는 행위입니다. 따라서 A군의 체육 수업 불참 요청을 존중해야 합니다.

4. 증거 및 증인 신문

체육 교사: 체육 수업은 단순히 운동만이 아니라 팀워크, 협동, 사회성을 기르는 데 필수적입니다.

피고: 다른 방식으로도 학생들의 협동심과 건강을 증진할 수 있지 않습니까? 예외를 인정하는 것이 실제 교육에 큰 혼란을 줄까요?

검사: 체육 활동을 전혀 하지 않으면서도 전인 교육이 가능하다고 보십니까? 학교가 종교적 요구를 모두 수용해야 한다면 형평성 문제가 생기지 않을까요?

5. 최종 변론

피고 측 변호사: 학교는 공교육 기관으로서 모든 학생에게 동일한 기준을 적용해야 합니다. A군의 요구를 수용하면 다른 학생들에게도 유사한 요구를 허용해야 하며, 이는 교육의 질과 형평성에 악영향을 미칠 것입니다.

원고 측 변호사: 헌법은 종교적 신념을 보호할 의무를 국가에 부여하고 있습니다. A군

의 요구는 개인의 종교적 자유를 인정하고 존중하라는 다원적 민주주의 원칙에 부합합니다.

6. 판결

재판장: 본 재판부는 A군의 종교적 신념이 헌법에 의해 보호받아야 하는 중요한 권리임을 인정합니다. 그러나 공교육 체계 내에서의 형평성과 통합성 또한 중요한 가치입니다. 본 판결은 양측 주장을 검토한 결과 다음과 같이 결론을 내립니다.

7. 폐정 선언

재판장: 이상으로 재판을 마칩니다. 모든 참가자들의 노력에 감사를 표합니다.

이 장에서는 챗GPT를 통해 모의재판 활동의 어려움을 보완하고, 학생들이 재판 절차와 법적 사고력을 효과적으로 학습할 수 있도록 돕는다. 챗GPT는 논리적 사고와 주장 구성을 도와주는 역할을 하며, 이를 통해 학생들은 모의재판을 더욱 깊이 있게 체험하게 될 것이다.

챗GPT 교사 업무 자동화

챗GPT로 행정 업무 자동화하기

1) 생활기록부 초안 작성	2) 학부모, 학생과 소통하기	3) 자동화 수행평가

1) 생활기록부 초안 작성

매년 학년 말이 되면 교사들은 머리를 싸매고 자신과의 싸움을 한다. 나와 함께한 수많은 학생을 한 명 한 명 생각하며 일 년 동안 차곡히 모아 온 자료와 기록을 바탕으로 학생 개인의 성장과 노력한 과정을 적절한 문장으로 표현해 내기 위한 창작의 고통을 매년 겪고 있는 것이다. 우리나라에서 입시가 차지하고 있는 비중이 아주 큰 만큼 그 글의 책임자인 교사의 부담은 매우 크다. 이때 교사는 챗GPT를 활용하여 초안을 작성함으로써 부담감을 조금이나마 내려둘 수 있다.

[챗GPT를 활용하여 생활기록부 초안을 작성했을 때의 장점]

① 시간 절약 및 효율성 증대

- 학생 개개인의 특성을 간결하고 일목요연하게 정리하는 데 드는 시간을 단축할 수 있다.

- 교사가 제공한 키워드(학생의 성격, 활동, 학업 성취 등)에 기반해 적절한 문구를 제안 받을 수 있다.

② 표현의 다양성

- 같은 내용이라도 더 풍부하고 다양한 문장으로 작성할 수 있어 내용이 단조롭지 않다.
- 반복적인 표현에서 벗어나 좀 더 읽기 좋은 글을 구성할 수 있다.

③ 객관성 유지 가능

- 주관적인 판단을 최소화하고, 보다 중립적이고 공정한 표현을 활용할 수 있다.

④ 문법과 어투 개선

- 문법 오류나 부적절한 어투를 교정하여 깔끔한 문장을 작성할 수 있다.

※ 발생할 수 있는 일과 주의 사항

① 데이터 유출 및 보안 문제

- 학생의 이름, 학번, 구체적인 성적 등 민감한 데이터를 AI 시스템에 입력하면 외부로 유출될 위험이 있다. 이는 개인정보 보호법을 위반할 수 있다.
- 대안: 학생의 이름이나 고유 정보를 제외하고, 익명화된 데이터를 입력해야 한다.

② 비인간적 표현 및 정형화된 문구 사용

- 챗GPT가 제안하는 내용이 지나치게 공식적이거나 기계적 표현일 수 있어 교사의 진정성이 느껴지지 않을 가능성이 있다.
- 챗GPT에서 도출된 내용을 개개인 특성에 맞추어 수정하지 않고 사용하면 개별화된 피드백이라는 생활기록부의 본래 목적이 퇴색될 수 있다.
- 대안: 챗GPT가 생성한 내용을 참고하되, 교사가 학생 개개인의 특성과 활동을

반영해 수정 및 보완해야 한다.

③ **내용의 사실성 및 적합성 부족**

- 챗GPT는 사용자가 입력한 정보를 기반으로 작성하기 때문에 사실과 다르거나 교사의 의도와 맞지 않는 내용이 생성될 수 있다.
- 대안: 생성된 문구를 무조건 복사해서 사용하는 것이 아니라, 내용을 꼼꼼히 검토하고 실제 사실과 부합하는지 확인해야 한다.

생활기록부는 공적인 문서로서 신뢰할 수 있는 내용이어야 한다. 교사는 챗GPT를 활용하여 작성된 생활기록부 초안 내용을 바탕으로 학생 개개인의 특성과 성취 과정을 살펴 최종 문장을 반드시 직접 검토하고 수정해야 한다. AI라는 도구를 활용했지만 최종 작성물은 교사의 성찰과 판단이 반영된 문서여야만 한다.

[창의적 체험활동 초안 작성하기(자율/동아리/진로)]

챗GPT에 주는 프롬프트의 공통 문구는 다음과 같다. 글자 수를 적는 부분에 해당 영역에 기재 가능한 글자 수를 넣으면 된다. 또한, 다양한 내용으로 겹치지 않는 초안을 이끌어 내야 내용이 풍부한 생기부를 작성할 수 있으므로, 각 학생들의 내용이 겹치지 않게 적어 달라는 내용도 추가하도록 한다. 글자 수는 상황에 맞게 필요한 숫자로 바꿔 적으면 된다.

★ 챗GPT에 주는 프롬프트의 공통 문구:

한국의 고등학교에서 근무하고 있는 담임 교사라고 가정하고 학생의 생기부를 작성할 거야. 너는 생기부 중에서도 '자율 활동'을 쓰려고 해. 문장의 형식으로는 다음 두 가지를 지켜줘. 첫째, '학생', '그는', '그의', '그가'라는 주어는 쓰지마. 둘째, 문장의 어미를 '~임', '~음', '~함'으로 써줘.

하나의 자연스러운 문단으로 작성하되 글자 수는 100자 이내로 써줘.

총 열 명의 학생들의 내용을 적어줘. 단, 각 학생들의 내용은 절대 겹치지 않아야 해.

① 자율 활동

각 학교에서 진행한 행사의 이름과 행사에 참여한 학생이 얻을 것이라 예상되는 점을 나열함으로써 챗GPT가 내용을 풍부하게 작성하게끔 프롬프트를 작성한다.

교사 질문:

"한국의 고등학교에서 근무하고 있는 담임 교사라고 가정하고 학생의 생기부를 작성할 거야. 너는 생기부 중에서도 '자율 활동'을 쓰려고 해. 문장의 형식으로는 다음 두 가지를 지켜줘. 첫째, '학생', '그는', '그의', '그가'라는 주어는 쓰지마. 둘째, 문장의 어미를 '~임', '~음', '~함'으로 써줘.

하나의 자연스러운 문단으로 작성하되 글자 수는 100자 이내로 써줘.

'학생의 날' 행사로 진행한 사행시 공모전에서 우수한 평을 받은 학생에게 적어 주는 자율 활동 내용이야.

일제의 폭압, 항일정신이라는 핵심 단어를 반드시 넣고, 이러한 활동으로 학생이 얻을 수 있는 태도 및 성장의 모습을 담은 내용을 적어줘.

그 내용에는 다음과 같은 단어들을 적절하게 담아서 적어줘.

'재치, 운율, 간결, 과거, 현재, 학생, 공감, 이끌어 냄, 함양함, 성찰함, 감성 등'

총 열 명의 학생들의 자율 활동 내용을 적어줘. 단, 각 학생들의 내용은 절대 겹치지 않아야 해."

ChatGPT 답변:

1. 일제의 폭압과 항일정신을 주제로 재치와 운율이 돋보이는 작품을 통해 민족적 자긍심을 함양함.
2. 사행시 공모전에서 간결하면서도 강렬한 메시지로 과거의 항일정신과 현재의 공감을 이끌어 냄.

…… (중략) ……

9. 일제의 폭압과 항일정신을 주제로 간결한 표현 속에 재치와 감성을 담아 민족적 의식을 함양함.
10. 공모전에서 항일정신을 주제로 학생들의 공감을 이끌어 내며 재치 있는 운율과 강렬한 메시지를 전함.

이러한 초안을 바탕으로 활동 과정에서 드러나는 개별적인 행동 특성, 참여도, 협력도, 활동 실적 등 실제적인 역할과 활동 위주로 교사가 직접 관찰한 내용을 덧붙여 작성하도록 한다.

② 동아리 활동

교사 질문:

"한국의 고등학교에서 근무하고 있는 담임 교사라고 가정하고 학생의 생기부를 작성할 거야. 너는 생기부 중에서도 '동아리 활동'을 쓰려고 해. 문장의 형식으로는 다음 두 가지를 지켜줘. 첫째, '학생', '그는', '그의', '그가'라는 주어는 쓰지마. 둘째, 문장의 어미를 '~임', '~음', '~함'으로 써줘.

학생들이 동아리 활동을 통해 꾸준히 발전하고 즐겁게 활동한 과정을 하나의 자연스러운 문단으로 작성하되 글자 수는 100자 이내로 써줘.

총 열 명의 학생들의 '치어리딩 동아리' 활동 내용을 적어줘. 단, 각 학생들의 내용은 절대 겹치지 않아야 해.

다음 내용들을 적절하게 섞어 문장을 만들어줘. '대학교 응원단의 치어리딩 영상 시청, 안무 구성, 독창적인 대형 창작, 습득, 음원, 교내 축제 공연, 준비, 연습, 성실하게, 꾸준히, 관객들의 흥, 시원시원한 큰 동작' 등"

ChatGPT 답변:

1. 대학교 응원단의 치어리딩 영상 시청 후 시원시원한 큰 동작을 습득하며 독창적인 안무 구성을 연습함.

2. 음원을 활용해 대형을 창작하고 교내 축제 공연을 준비하며 꾸준한 연습을 통해 관객들의 흥을 이끌어 냄.

...... (중략) ......

9. 교내 축제를 위한 준비 과정에서 안무와 음원을 결합하여 독창적이고 흥겨운 무대를 성실히 연습함.

10. 대학교 응원단의 동작을 참고해 음원과 안무를 연습하며 관객의 흥을 돋우는 대형 창작에 꾸준히 참여함.

이러한 초안을 바탕으로 참여도, 협력도, 열성도, 특별한 활동 실적 등 실제적인 활동과 역할 위주로 교사가 직접 관찰한 내용을 덧붙여 작성하도록 한다.

③ 진로 활동

중학교나 고등학교에는 학교마다 특성 있는 진로 프로그램이 있을 것이다. 대부분 1학년 학생들이라면 학교에서 준비한 특성 있는 진로 프로그램을 모두 참여할 것이므로 각 학교 사정에 맞춰 주어에 원하는 활동 이름을 넣고 반드시 그 활동 이름을 주어로 문단을 시작해 달라는 프롬프트를 작성하면 된다.

만약 진로 특강과 같은 프로그램을 진행한다면 강사를 파견하는 업체에서 수업 목표와 같은 내용을 미리 받아 활용할 수 있다.

교사 질문:

"한국의 고등학교에서 근무하고 있는 담임 교사라고 가정하고 학생의 생기부를 작성할 거야. 너는 생기부 중에서도 '진로 활동'을 쓰려고 해. 문장의 형식으로는 다음 두 가지를 지켜줘. 첫째, '학생', '그는', '그의', '그가'라는 주어는 쓰지마. 둘째, 문장의 어미를 '~임', '~음', '~함'으로 써줘.
하나의 자연스러운 문단으로 작성하되 글자 수는 100자 이내로 써줘.
문단의 시작에는 반드시 '진로 아카데미'라는 주어로 시작해 줘.
이번에 네가 작성해야 할 진로 활동은 '푸드 스타일리스트'로,
'푸드 스타일리스트 직업 체험을 통해 푸드 스타일리스트의 기초가 되는 업무를 이해하고 자신의 재능을 발견해 볼 수 있다.'
'푸드 스타일리스트 직업 체험을 통해 현장에서 푸드 스타일리스트가 하는 일과 그 일에 대한 영향력을 이야기해 볼 수 있다.'
'푸드 스타일리스트 직업 체험을 통해 푸드 스타일리스트의 다양한 활동 영역을 알아보고 푸드 스타일리스트의 업무에 대해서 이해할 수 있다.'라는 내용을 적절하게 한 두 가지를 묶어서 대략 열 명의 학생의 자율 활동 내용을 작성해줘. 단, 각 학생들의 내용이 겹치지 않아야 해."

ChatGPT 답변 :

1. 진로 아카데미를 통해 푸드 스타일리스트의 기초 업무를 이해하고 식자재를 활용한 이미지 연출법을 배워 봄.
2. 진로 아카데미를 통해 푸드 스타일링의 다양한 활동 영역과 현업 푸드 스타일리스트의 영향력을 탐구해 봄.
…… (중략) ……
9. 진로 아카데미를 통해 현업에서 푸드 스타일리스트가 수행하는 작업과 필요한 기술

의 중요성을 이해하게 됨.
10. 진로 아카데미를 통해 푸드 스타일링의 사회적 역할을 탐구하며 자신의 창의성을 발휘하는 과정을 경험함.

이러한 초안을 바탕으로 특기·진로 희망과 관련된 학생의 자질, 학생이 수행한 노력과 활동, 학생의 활동 참여도, 활동 의욕, 태도의 변화 등 진로 활동과 관련된 사항을 교사가 직접 관찰하여 덧붙여 작성하도록 한다.

[교과 세부 능력 및 특기 사항(세특) 초안 작성]

교사 질문:
"한국의 고등학교에서 근무하고 있는 윤리 교사라고 가정하고 학생의 생기부를 작성할 거야. 너는 생기부 중에서도 '교과 세부 능력 및 특기 사항'을 쓰려고 해. 문장의 형식으로는 다음 두 가지를 지켜줘. 첫째, '학생', '그는', '그의', '그가'라는 주어는 쓰지마. 둘째, 문장의 어미를 '~임', '~음', '~함'으로 써줘.
하나의 자연스러운 문단으로 작성하되 글자 수는 200자 이내로 써줘.
첫째, 과목은 '생활과 윤리'이고, 해당 수업 활동은 '동물권 모둠 토의'야.
다양한 동물의 형태 중에서도 '체험 동물'을 토의 주제로 선택했고, 같은 주제를 선택한 친구들과 모여 해당 사례에 해당하는 문제점을 찾아내어 그에 대한 답을 토의를 통해 이끌어 낸 학생의 활동 참여도와 활동지 작성의 성실성의 정도를 상, 중, 하로 나누어 제시해 줘."

ChatGPT 답변:
활동 참여도: 상
체험 동물을 주제로 한 모둠 토의에서 적극적으로 의견을 제시하며 동물권 침해 사례와 문제점을 심도 있게 분석함. 토의를 통해 도출한 해결 방안을 논리적으로 정리하며 활동지 작성에 성실하게 임함.
활동 참여도: 중
체험 동물을 주제로 한 모둠 토의에 꾸준히 참여하며 동물권 침해 사례를 파악하고 해결 방안을 모색함. 활동지 작성에서 논의 내용을 충실히 기록하며 성실히 수행함.
활동 참여도: 하
체험 동물을 주제로 한 모둠 토의에 소극적으로 참여하였으나 동물권 침해 사례를 이해하고 문제 해결 방안을 도출하기 위해 노력함. 활동지 작성에서 필요한 내용을 성실히 채워 냄.

2) 학부모, 학생과 소통하기

교육 현장에서 챗GPT를 적절히 사용한다면 학부모, 학생과의 소통을 더욱 효율적으로 만들어 주는 도구가 될 수 있다. 챗GPT의 도움을 바탕으로 교사가 학교 현장의 상황을 고려하여 적절한 소통 방법을 마련하면 된다. 학부모와 학생과 소통을 할 때 챗GPT를 활용하는 방법은 다음과 같다.

[가정통신문 초안 작성]

학부모와 소통하는 가장 기본적인 도구는 가정통신문이다. 이때 챗GPT를 활용하면 좀 더 간편하게 가정통신문을 작성할 수 있다.

교사 질문:
"한국의 중학교 교사가 중학생 자녀를 둔 학부모에게 새 학기 안내 가정통신문을 보내려고 해. 안내 내용은 준비물, 임시 시간표야. 이 가정통신문의 머리말을 작성해 줘."

ChatGPT의 답변:
다음은 한국 중학교 교사가 새 학기 안내 가정통신문에 적합한 머리말 예시입니다:

존경하는 학부모님께,
안녕하십니까?
따뜻한 봄과 함께 새 학기가 시작되었습니다. 자녀와 함께 새로운 학년의 출발을 맞이하시며 설렘과 기대가 가득하시리라 생각합니다. 저희 학교는 학생들이 즐겁고 알찬 학교생활을 할 수 있도록 최선을 다해 준비하고 있습니다.
이번 가정통신문을 통해 새 학기를 준비하는 데 필요한 준비물과 임시 시간표를 안내드리오니 확인하시고 가정에서도 자녀의 학업과 생활 준비에 도움을 주시길 부탁드립니다. 앞으로도 학부모님과 함께 소통하며 학생들의 성장을 돕는 학교가 되겠습니다.
감사합니다.

필요한 수정 사항이 있다면 언제든 말씀해 주세요!

가정통신문의 성격과 대상에 맞게 글을 작성해 달라고 요청할 수도 있다. 이때 구체적인 상황을 설명해 주면 보다 구체적인 답변이 가능하다.

교사 질문:
"한국의 중학교 교사가 중학생 자녀를 둔 학부모에게 성적표를 보내려고 해. 성적표를 보내면서 부모님의 걱정에 공감하고 학생의 노력을 지지하는 인사말을 적어줘."

ChatGPT의 답변:
다음은 성적표를 보내며 학부모님의 걱정에 공감하고 학생의 노력을 지지하는 인사말 예시입니다:

존경하는 학부모님께,
안녕하십니까?
항상 자녀의 성장과 학교생활을 위해 애쓰시는 학부모님께 깊은 감사의 말씀을 드립니다. 이번 성적표는 자녀의 학업 결과와 함께 그간의 노력과 성장을 확인할 수 있는 기회가 될 것입니다.
학업 성취는 물론 중요하지만, 이를 이루기 위해 자녀가 노력하고 도전한 과정 또한 매우 가치 있는 경험입니다. 학부모님께서도 결과에 지나치게 마음 쓰시기보다는 자녀의 노력을 따뜻하게 격려해 주시면 큰 힘이 될 것입니다.
저희 학교는 앞으로도 학생 한 명 한 명의 가능성과 성장을 돕기 위해 최선을 다하겠습니다. 학부모님의 지속적인 관심과 협력을 부탁드리며, 자녀와 함께 의미 있는 성장을 이루어 가시길 진심으로 응원합니다.
감사합니다.

이 인사말이 적합한지, 수정이 필요하면 말씀해 주세요!

위의 질문 외에도 이전보다 성적이 많이 향상된 아이, 첫 시험에 긴장한 아이, 자유학기제, 학기 말 등의 상황을 구체적으로 질문하여 도움을 받을 수 있다.

또한, 가정통신문을 작성하고 나서 챗GPT에 다듬어 주도록 부탁하는 방법도 있다. 작성한 내용을 채팅창에 입력하여 검토를 요청할 수도 있고, 가정통신문의 PDF 파일을 첨부해서 검토를 요청할 수도 있다. 그중 파일을 첨부하는 방법은 다음과 같다.

- **파일 첨부 방법**

대화창 왼쪽 하단에 있는 " + " 모양 버튼(파일 업로드 및 기타 버튼)을 누른다.

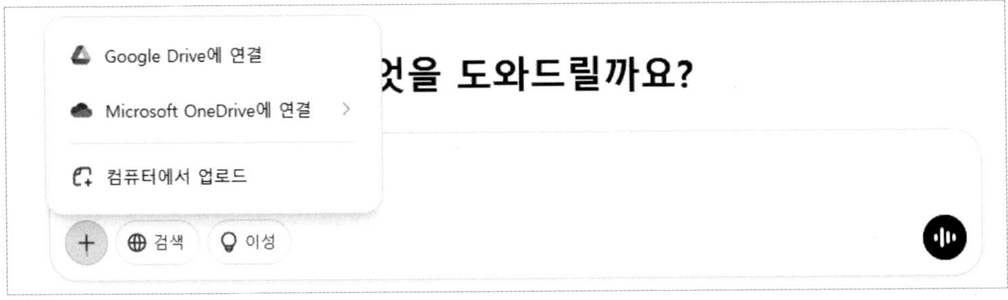

" 컴퓨터에서 업로드" 버튼을 누르고 첨부할 파일(가정통신문)을 올린다.
이때 한글파일(HWP)은 읽지 못하기 때문에 PDF 파일로 변환하여 첨부하는 것이 좋다.

파일을 첨부한 후, "파일의 내용을 다듬어 줘."라고 요청하면 챗GPT가 내용을 다듬어 준다. "맞춤법이 틀리거나 매끄럽지 않은 부분을 찾아 줘"라고 요청하는 것도 도움이 된다. 또한, 무엇이 달라졌는지 물어보면 원본과 수정한 부분을 비교해서 설명해 준다.

[학급 놀이 준비]

챗GPT를 활용하면 교사와 학생 간, 학생들 간의 유대감을 강화하고 긍정적인 학습 환경을 조성하는 학급 놀이를 준비하는 데 좋은 아이디어를 얻을 수 있다.

질문 예시

1. "중학교 학생들과 단합할 수 있는 실내 놀이를 추천해 줘."
2. "20분 동안 진행할 수 있는 놀이를 추천하고 운영 방법을 알려줘."
3. "학급 회의를 시작하기 전에 아이스 브레이킹을 위한 간단한 활동을 알려줘."
4. "내성적인 아이들이 부담 없이 참여할 수 있는 놀이를 추천해 줘."
5. "'몸으로 말해요'를 학급 단합 활동으로 바꿀 방법을 알려줘."

이 중 5번의 질문을 했을 때 답변은 다음과 같다.

교사 질문:
"'몸으로 말해요'를 학급 단합 활동으로 바꿀 방법을 알려줘."

ChatGPT의 답변:
'몸으로 말해요' 게임을 학급 단합 활동으로 바꾸기 위해 게임의 기본 틀을 유지하면서 협동과 소통을 강조하는 방식으로 조정할 수 있습니다. 아래는 몇 가지 구체적인 방법입니다.

1. 팀 협력 강조하기

팀 단위 진행: 학생들을 소규모 팀(예: 4~6명)으로 나누어 팀 점수를 합산하는 방식으로 진행합니다. 팀이 함께 승리하기 위해 협동하고 소통하는 경험을 하게 됩니다.
힌트 도우미: 표현하는 학생이 어려움을 겪을 경우, 팀원이 힌트를 제안할 수 있도록 협력을 유도합니다.

2. 난이도를 조절하며 공통 목표 설정

난이도 조절: 초반에는 쉬운 제시어로 시작하고, 점차 난이도를 높여 팀이 더 많이 소통하고 전략적으로 행동하도록 유도합니다.
공통 목표: "모든 팀이 10개 이상 맞히기" 같은 목표를 설정하여 팀 간 경쟁보다는 학급 전체가 협력해 목표를 달성하는 데 초점을 맞춥니다.

3. 역할 다양화

역할 분담: 단순히 몸으로 표현하는 사람뿐만 아니라, 전략을 세우는 팀 리더나 정답 판별자 같은 다양한 역할을 주어 팀원 모두가 참여할 수 있도록 합니다.
순환 참여: 한 학생이 계속 표현하거나 맞히는 일이 없도록 모든 팀원이 골고루 역할을 경험하도록 순서를 정합니다.

4. 활동에 창의적 요소 추가

테마별 제시어: 특정 주제(예: 영화, 스포츠, 동물, 학급생활)로 제시어를 설정하여 팀원들이 공감대를 형성할 수 있도록 합니다.
결합 제시어: "펭귄이 춤추는 모습", "기린이 목을 돌리는 모습" 등 단순한 단어가 아닌 상황 표현을 추가해 팀이 창의적으로 접근하도록 유도합니다.

5. 팀 간 응원 문화 형성

응원 및 보상: 다른 팀의 정답 시도를 응원하거나 박수를 보내는 규칙을 추가합니다.
우승팀 보상 공유: 우승팀이 보상을 받는 대신 학급 전체가 간식을 나누거나 소소한 축제를 여는 방식으로, 경쟁보다 협동과 즐거움을 강조합니다.

6. 활동 후 대화 시간

피드백과 소감 나누기: 게임이 끝난 뒤, 각 팀이 어려웠던 점이나 재미있었던 순간을 나누는 시간을 가집니다.
학급의 단합 이야기하기: 활동 중 어떤 점에서 협력이 중요했는지, 앞으로 학급 생활에 어떻게 적용할 수 있을지 토론합니다.

7. 특별 규칙 추가로 재미 더하기

"팀 파워업" 옵션: 정답을 맞히지 못한 팀은 다른 팀에게 도움을 요청하거나, 시간 연장을 받을 수 있는 특별 규칙을 도입해 협력을 유도합니다.
숨겨진 미션: 게임 중 "특정 팀 전체가 같은 동작을 표현해야 한다"와 같은 미션을 추가해 예상치 못한 재미와 단합을 유도합니다.

8. 단합 활동 전체로 확장

'몸으로 말해요'를 단독 게임으로 진행하는 대신, 팀 빌딩 활동의 일부로 포함시킬 수도 있습니다. 예를 들어: 몸으로 말해요 게임, 이어서 협동 퀴즈 또는 협력 미션, 마지막으로 활동 결과를 학급 전체에서 공유하며 단합의 의미를 정리하는 대화 시간.

이렇게 하면 단순한 게임 이상의 경험으로, 학급 전체의 소통과 협력을 자연스럽게 촉진할 수 있습니다.

[학급 신문 제작]

학급 신문은 학급의 다양한 활동과 소식을 기록하고 공유하며, 학생 간의 긍정적인 상호 작용을 촉진하고 학부모와의 소통을 강화하는 효과적인 방법이다. 챗GPT를 활용하면 이러한 학급 신문을 보다 쉽고 재미있게 만들 수 있다.

먼저, 조·종례 시간이나 학급 자치 시간을 활용해 학생들에게 기억에 남는 활동이나 관심사를 묻고 답을 모은다. 예를 들어, "최근 학급에서 가장 재미있었던 일은 무엇인가요?"와 같은 질문을 통해 학생들의 생각을 신문에 담을 수 있다.

질문 예시

1. 우리 학급에서 기억에 남는 일은 무엇이었나요?
2. 최근 학교에서 진행된 행사 중 가장 재미있었던 것은 무엇인가요?
3. 우리 학급이 자랑할 만한 점은 무엇인가요?
4. 학급 친구들에게 추천하고 싶은 활동이나 취미는 무엇인가요?
5. 요즘 가장 재미있게 본 영화나 드라마는 무엇인가요?
6. 추천하고 싶은 책이나 음악이 있다면 무엇인가요?
7. 우리 학급이 다음 행사에서 해보고 싶은 활동은 무엇인가요?
8. 학급 친구들 중 가장 배울 점이 많은 친구는 누구인가요? 이유는 무엇인가요?
9. 시간 여행을 할 수 있다면 언제로 가보고 싶은가요?
10. 요즘 우리 반에서 유행인 것은 무엇인가요?

이후, 학생들이 답변한 내용을 챗GPT로 다듬거나 부족한 경우 AI가 기사를 생성하도록 도와줄 수 있다.

교사 질문:
"다음 문장들을 신문 기사처럼 간단하게 만들어줘. 1. 요즘 점심시간에 홍길동이 노래를 불러서 친구들에게 즐거움을 줌. 2. 이번 구기대회에서 우리 반이 2등을 함. 3. 다음 주 체험학습 장소로 롯데월드를 가게 되어 모두가 기대하고 있음."

ChatGPT의 답변:

1. 점심시간, 홍길동의 열창에 웃음 가득

점심시간에 홍길동 학생이 즉석에서 노래를 불러 친구들에게 큰 즐거움을 선사했다. 예상치 못한 공연으로 교실은 웃음과 박수로 가득했다.

2. 구기대회 2위, 우리 반의 열정 빛나다

이번 구기대회에서 1학년 2반이 끈끈한 팀워크와 노력으로 2위를 차지하며 값진 성과를 거뒀다. 학생들은 서로를 응원하며 땀과 웃음이 함께한 순간을 즐겼다.

3. 롯데월드 체험학습, 기대감 고조

다음 주 체험학습 장소로 롯데월드가 선정되며 학생들의 기대가 커지고 있다. 놀이기구와 다양한 체험을 앞두고 설렘 가득한 분위기가 이어지고 있다.

만약 학생들과 투표를 통해 결정한 내용을 학급 신문에 넣으려고 한다면, 이때에도 챗GPT를 활용하여 더욱 풍부한 글을 담을 수 있다.

교사 질문:

"학급 단합 시간에 하고 싶은 활동을 투표했는데 결과는 영화 보기 10표, 피구하기 14표였어. 이 결과를 참고해서 학급 신문 기사를 간단하게 만들어줘."

ChatGPT의 답변:

"피구, 학급 단합 활동 1위로 선정!"

학급 단합 시간을 위한 활동 투표에서 피구가 14표를 얻어 1위로 선정되었다. 영화 보기는 10표를 기록하며 아쉽게 2위를 차지했다.

학생들은 피구를 통해 함께 뛰고 웃으며 단합할 수 있는 시간이 되길 기대하고 있다. 이번 결과를 바탕으로, 다가오는 단합 시간에는 모두가 활발히 참여할 수 있는 피구 경기가 진행될 예정이다.

학생들의 팀워크와 열정이 돋보일 피구 시간, 벌써부터 기대감이 높아지고 있다!

이처럼 챗GPT를 현명하게 활용하면 교육 현장을 더 풍성하고 효과적인 소통의 장으로 만들 수 있다.

3) 자동화 수행평가

매일 이루어지는 수업과 평가의 현실은 이상과 거리가 멀 때가 많다. 교사들은 수행평가를 설계하고 채점하며 피드백을 제공하는 데 막대한 시간을 투자하지만, 그 과정에서 효율성과 공정성을 모두 충족시키는 것은 어렵다. 이러한 문제를 조금이나마 개선하기 위해 챗GPT를 활용할 수 있다.

[자동화 수행평가의 장점]

- 평가 설계의 간소화: 다양한 과제와 평가 기준을 빠르게 생성할 수 있다.
- 채점의 공정성 강화: 명확한 기준에 따라 일관된 점수 부여할 수 있다.
- 맞춤형 피드백 제공: 학생의 성장을 돕는 구체적이고 유의미한 조언을 해줄 수 있다.
- 업무 경감: 반복적이고 시간이 많이 소요되는 업무를 줄이고 수업에 더 집중할 수 있게 된다.

※ 주의 사항

1. 교사 검토: 챗GPT가 제시한 평가 기준과 평가 결과는 제안일 뿐이다. 꼭 교사가 검토하여 신뢰성을 확보해야 한다.
2. 투명한 기준 공유: 학생들에게 평가 기준을 사전에 공유하여 평가 공정성을 높여야 한다.
3. 개인정보 보호: 챗GPT를 활용할 때 학생의 개인정보를 입력해서는 안 된다.

만약 모의법정 수행평가를 한다면 다음과 같이 평가 기준 생성을 자동화할 수 있다.

① 평가 기준 생성(모의법정 수행평가)

교사 질문:
"중학교 사회 시간에, 모의법정을 이용한 수행평가를 하고 싶어. 어떤 식으로 운영할지 간단히 제시하고, 평가 기준을 만들어 줘. 평가 총점은 40점으로 해줘."

ChatGPT의 답변:

1. 운영 방식

1) 주제 선정

- 예시 주제: "지역 공장의 환경오염 문제"

o 원고: 지역 주민 대표

o 피고: 공장 대표

o 증인: 환경 전문가, 지역 주민

2) 역할 배정

- 원고팀, 피고팀, 증인, 배심원단, 판사로 역할 배정.
- 배심원단은 판결을 내리며 공정성을 유지

3) 수업 진행

- 준비 단계: 각 팀이 주장과 근거를 준비
- 모의법정 진행

o 원고와 피고 주장 발표

o 증거조사 및 증인심문

o 최종 변론

o 배심원 판결

o 결과 분석 및 피드백: 교사가 수업 결과와 학생 참여를 피드백

2. 평가 기준 (총점 40점)

1) 논리적 사고와 주장 구성 (15점)

- 15점: 주장이 명확하고, 구체적 근거와 논리적 전개가 훌륭함.
- 12점: 주장이 명확하며, 근거가 대체로 설득력을 가짐.
- 9점: 주장이 있지만 논리나 근거가 부족함.
- 6점 이하: 주장과 근거가 명확하지 않음.

2) 역할 수행과 참여도 (10점)
- 10점: 맡은 역할에 충실하며, 적극적으로 수업에 참여
- 8점: 역할 수행이 적절하며, 참여도가 양호
- 6점: 역할 수행이 미흡하거나 소극적 참여
- 4점 이하: 역할 수행과 참여가 거의 없음.

3) 협력과 팀워크 (10점)
- 10점: 팀원과 적극적으로 협력하며 의견 조율이 원활
- 8점: 협력 과정에서 약간의 부족함이 있으나 전반적으로 양호
- 6점: 협력이 부족하거나 팀 간 소통 문제가 다소 있음.
- 4점 이하: 협력이 거의 이루어지지 않음.

4) 표현력 및 발표 태도 (5점)
- 5점: 발표가 명확하며 설득력 있게 전달됨.
- 4점: 발표가 대체로 명확하지만 약간의 전달 부족
- 3점: 발표가 불명확하거나 전달력이 약함.
- 2점 이하: 발표가 산만하거나 의미 전달이 어려움.

1부
2부
3부
1장 챗GPT로 행정 업무 자동화하기

만약 평가 기준에 따른 평가표를 만들고 싶다면 챗GPT에 다음과 같이 추가로 요청한다.

교사 질문:
"위에서 제시된 평가 기준을 26명을 평가할 수 있는 평가표로 만들고, 엑셀로 다운로드 할 수 있게 해줘."

ChatGPT의 답변:
26명을 평가할 수 있는 평가표를 엑셀 파일로 생성했습니다. 여기에서 다운로드할 수 있습니다.

답변 중 파란색 글자로 표시된 "여기에서 다운로드" 글자를 클릭하면 다운로드가 실행되고, 다운로드한 파일을 확인하면 다음과 같다.

	A	B	C	D	E	F	G	H
1	학생 이름	고와 주장 -	행과 참여도	과 팀워크 (	및 발표 태	총점	비고	
2	학생 1							
3	학생 2							
4	학생 3							
5	학생 4							
6	학생 5							
7	학생 6							
8	학생 7							

열의 가로 넓이가 짧아, 첫 번째 행의 글자들이 잘려 보인다.
열의 넓이는 아래의 방법과 같이 늘릴 수 있다.

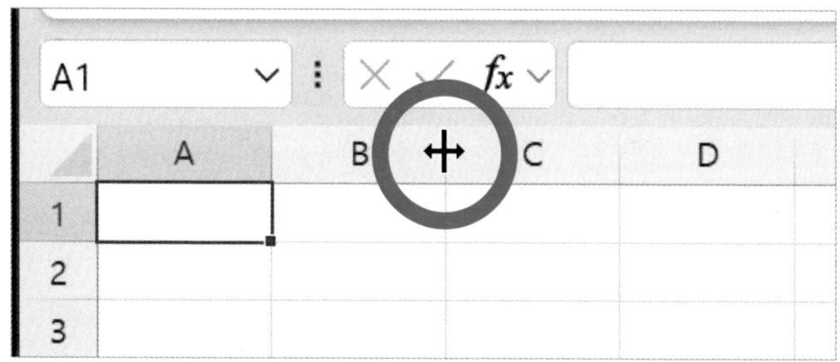

최상단의 열과 열 사이(예: B칸과 C칸 사이의 선)를 마우스를 가져가면 포인터 모양이 위와 같이(↔) 바뀐다. 이때 클릭 후 드래그하면 열의 너비를 조절할 수 있다.
↔의 상태에서 드래그하지 않고 더블클릭하면 자동으로 너비가 글자에 맞춰 조절된다.

② 평가 기준에 따른 자동 채점(평화 보고서 수행평가)

이번에는 도덕 시간에 평화 보고서 작성을 수행평가로 수행해 보자.

교사 질문:

"이번에는 고등학교 윤리 시간에 평화 보고서 작성하기 수행평가를 하고 싶어. 세계에서 발생하는 비평화 사례를 탐색하고 소개한 뒤, 그에 대한 비판과 해결책을 제시하는 보고서야. 평가 기준을 만들어줘. 총점은 30점이야."

ChatGPT의 답변:
평화 보고서 작성 평가 기준 (총점: 30점)

1. 비평화 사례 탐색 및 소개 (10점)
- 10점: 사례를 구체적이고 풍부한 자료를 바탕으로 명확히 소개함.
- 8점: 사례를 비교적 잘 소개하였으나 세부 내용이나 자료가 다소 부족함.
- 6점: 사례를 간단히 언급했으나 구체적이지 않거나 자료의 신뢰성이 낮음.
- 4점 이하: 사례가 명확하지 않거나 적절하지 않은 사례를 선택함.

2. 비판적 분석 (10점)
- 10점: 비평화 사례에 대한 원인과 문제를 깊이 있고 논리적으로 분석함.
- 8점: 분석이 비교적 논리적이지만 다소 피상적임.
- 6점: 분석이 단편적이며 문제의 핵심을 충분히 다루지 못함.
- 4점 이하: 분석이 명확하지 않거나 근거가 부족함.

3. 해결책 제시 및 실현 가능성 (5점)
- 5점: 현실적이고 창의적인 해결책을 구체적으로 제시함.
- 4점: 해결책이 비교적 적절하나 실현 가능성이나 구체성이 부족함.
- 3점: 해결책이 단순하거나 비현실적임.
- 2점 이하: 해결책이 없거나 적절하지 않음.

4. 보고서 구성 및 표현 (5점)
- 5점: 논리적이고 일관성 있는 구성, 정확하고 명확한 표현 사용.
- 4점: 구성과 표현이 비교적 명확하나 다소 어색한 부분이 있음.
- 3점: 구성이나 표현이 어색하거나 이해에 어려움이 있음.
- 2점 이하: 구성과 표현이 산만하거나 부정확함.

만약 평가 기준을 더욱 명확히(정량화) 하고 싶다면 평가 기준의 내용들을 단순하고 명확한 것들로 바꿔 달라고 요청해 보자.

교사 질문:
"점수별 성취 수준을 단순하고 명확하게 해줘. 추상적 표현은 없애고, 배점은 그대로 유지해 줘."

★ 아래와 같은 답변이 나오지 않는다면, 똑같은 질문을 다시 하는 것도 방법이 된다(할 때마다 조금씩 변화된 답변을 줌). 하지만 시간적 효율을 위해, 다음과 같은 구체적이고 명시적인 프롬프트를 넣을 수도 있다.

"다음 평가 기준을 항목별 점수 배점은 유지하되, 자료의 개수, 근거의 수, 해결책의 개수, 보고서의 구성 요소(제목, 서론, 본문, 결론)를 제대로 갖췄는지와 문법 오류 개수를 명시적으로 반영하도록 수정해 줘."

ChatGPT의 답변:
평화 보고서 작성 평가 기준 (총점: 30점)

1. 비평화 사례 탐색 및 소개 (10점)
- 10점: 사례가 구체적이고, 관련 자료 3개 이상을 포함함.
- 8점: 사례가 구체적이나 관련 자료가 1~2개 포함됨.
- 6점: 사례가 간략하며 관련 자료가 없음.
- 4점 이하: 사례가 부적절하거나 탐색이 이루어지지 않음.

2. 비판적 분석 (10점)
- 10점: 원인과 문제를 구체적으로 설명하며, 관련 근거를 2개 이상 제시함.
- 8점: 원인과 문제를 설명하며, 관련 근거를 1개 제시함.
- 6점: 원인과 문제를 간략히 언급하며 근거가 부족함.
- 4점 이하: 원인과 문제를 설명하지 않거나 근거가 전혀 없음.

3. 해결책 제시 및 실현 가능성 (5점)
- 5점: 해결책이 2개 이상이며, 구체적이고 실현 가능함.
- 4점: 해결책이 1개이며 구체적이나 실현 가능성은 부족함.
- 3점: 해결책이 1개이며 구체성이 부족함.
- 2점 이하: 해결책이 없거나 비현실적임.

4. 보고서 구성 및 표현 (5점)
- 5점: 제목, 서론, 본문, 결론이 명확히 구분되고 문법 오류가 없음.
- 4점: 구성 요소가 모두 있으나 문법 오류가 1~2개 있음.
- 3점: 구성 요소가 일부 누락되거나 문법 오류가 3개 이상 있음.
- 2점 이하: 구성 요소가 대부분 누락되거나 이해할 수 없는 문장 포함.

이제 학생의 보고서 내용을 수집한 뒤, 챗GPT에 채점을 맡길 수 있다.

★ 하지만 학생의 답변을 컴퓨터로 옮기는 것은 수고스러운 일이다. 이때 태블릿을 이용하여 자신의 보고서 내용을 옮겨 적어 제출하게 할 수 있다. 구글 설문지를 이용하거나, 구글 스프레드시트 링크를 공유하여 입력하게 하자. 학생들로 하여금 각자 보고서 내용을 발표하게 하고, 네이버 클로바노트를 이용하여 그 목소리를 실시간으로 글자 변환하는 방법도 쓸 수 있다.

교사 질문:
"다음 평가 기준에 따라 평가해 줘. 그리고 학생에게 줄 피드백도 한 문장으로 만들어 줘. 감점된 부분이 피드백에 전부 반영되도록 해줘.

#학생의 보고서
- 보고서 내용 생략 -

#평가 기준
- 평가 기준 내용 생략 -"

ChatGPT의 답변:
평가 점수

1. 비평화 사례 탐색 및 소개(10점): 10점
사례를 구체적으로 다루고 관련 자료를 풍부하게 활용하여 명확히 설명하였음.

2. 비판적 분석(10점): 8점
사례의 원인과 문제를 논리적으로 분석했으나 일부 세부적인 논의가 부족하여 문제의 핵심을 더 깊이 다루지 못했음.

3. 해결책 제시 및 실현 가능성(5점): 4점
제시된 해결책이 적절하고 실현 가능하지만 실행 방안의 구체성이 부족하여 현실적으로 어떤 방식으로 적용될지 명확하지 않음.

4. 보고서 구성 및 표현(5점): 5점
보고서의 구성은 논리적이고 일관성이 있으며 표현도 명확함.

총점: 27점 / 30점
학생 피드백
"사례와 표현은 훌륭하며 논리적으로 잘 구성된 보고서입니다. 다만, 분석에서 문제의 핵심을 조금 더 깊이 다뤘다면 설득력이 더 강해졌을 것입니다. 또한, 해결책에 대해 구체적인 실행 방안을 추가하여 현실적인 적용 가능성을 더 명확히 하면 좋겠습니다."

이렇게 학생 한 명 한 명을 평가할 수도 있지만, 여러 명을 동시에 평가하도록 할 수도 있다. 예를 들어, 다음과 같이 엑셀에 학생 보고서를 입력하고 챗GPT에 평가를 요청하자.

	A	B	C	D	E
1	반	번호	이름	보고서 내용	
2	1	1	학생 1	이스라엘과 팔레스타인 간의 갈등은 전 세계에서 가장 오래된 분쟁 중 하나로, 지역과 종교를 넘어 국제 사회에도 큰 영향을 미치고 있습니다. 이 보고서는 이 갈등의 주요 원인과 문제를 분석하고, 평화를 위한 구체적인 해결 방안을 제시하고자 합니다. 이스라엘과 팔레스타인 간의 갈등은 영토 문제에서 시작되었습니다. 1948년 이스라엘 건국 이후 팔레스타인인들은 자신들의 영토를 잃었다고 주장하며 반발해 왔습니다. 종교적 갈등 또한 이 문제를 더욱 복잡하게 만들었습니다. 예루살렘은 유대교, 기독교, 이슬람 모두에게 신성한 도시로 여겨지기 때문에 영토 분쟁은 쉽게 해결되지 않았습니다. 이로 인해 수십 년간 수많은 사상자와 난민이 발생했습니다. 이 갈등을 해결하기 위해서는 영토 문제에 대한 구체적인 협상이 필요합니다. 두 국가 해법(Two-State Solution)을 기반으로 이스라엘과 팔레스타인이 각각 독립적인 국가로 존재하도록 국제 사회가 적극적으로 중재해야 합니다. 또한, 종교적 갈등을 완화하기 위해 다양한 종교 지도자들이 협력해 대화의 장을 마련해야 합니다. 마지막으로, 국제 기구는 난민들의 삶을 개선하기 위해 지속적인 지원을 제공해야 합니다. 이스라엘-팔레스타인 갈등은 단순히 지역의 문제가 아니라 세계 평화에 중요한 영향을 미치는 사안입니다. 국제 사회는 이 문제를 해결하기 위해 강력한 협력과 지원을 제공해야 하며, 두 국가 해법을 바탕으로 한 평화 협상이 시급히 요구됩니다.	
	1	2	학생 2	우크라이나-러시아 전쟁은 21세기의 가장 중요한 갈등 중 하나로, 국제 질서와 에너지 안보에 심각한 영향을 미치고 있습니다. 이 보고서에서는 이 갈등의 원인과 문제를 분석하고 해결책을 제안합니다. 우크라이나-러시아 전쟁의 핵심 원인은 우크라이나의 서방 지향 정책과 러시아의 강력한 반발입니다. 2014년 크림반도 합병 이후 러시아는 우크라이나의 친서방 행보를 위협으로 간주하며 군사적 충돌로 대응했습니다. 에너지 문제 또한 중요한 요인으로 작용했습니다. 러시아는 유럽으로 가는 가스 공급을 장악하고 있으며, 이를 통해 정치적 영향력을 유지하려 했습니다. 이 문제를 해결하기 위해서는 첫째, 국제 사회가 러시아와 우크라이나 간의 평화 협상을 중재해야 합니다. 둘째, 유럽 연합과 미국은 에너지 안보를 강화하고, 우크라이나에 대한 경제적 지원을 확대해야 합니다. 셋째, 양국 간의 갈등을 완화하기 위한 군사적 긴장 완화 조치가 필요합니다.	

교사 질문:
"첨부한 파일에 담긴 학생별 보고서 내용을 아래의 평가 기준에 따라 평가해 줘. 피드백은 학생들에게 제공하는 것이고, 감점된 부분을 포함하여 서술형 문장으로 만들어야 해. 평가 결과를 엑셀 파일로 다운로드할 수 있게 해줘.

#첨부한 파일의 구조
A열: 반, B열: 번호, C열: 학생 이름, D열: 보고서 내용

#만들어야 할 파일의 구조
A열: 반, B열: 번호, C열: 이름, D열~G열: 항목별 평가 점수, H열: 총점, I열: 피드백

#평가 기준(총점 30점)
- 평가 기준 내용 생략 -"

★ 챗GPT는 파일의 내용 구조를 알려 주지 않아도 스스로 내용 구조를 파악할 수 있으나, 아직은 첨부 파일을 이해하거나 문서를 생성할 때 자잘한 오류를 발생시킨다. 따라서 위와 같이 내용 구조("#첨부한 파일의 구조", "#만들어야 할 파일의 구조")를 미리 알려 주는 것이 도움이 된다.

[파일 첨부 방법]

대화창 왼쪽 아래에 있는 " + " 모양 버튼(파일 업로드 및 기타 버튼)을 클릭한다.

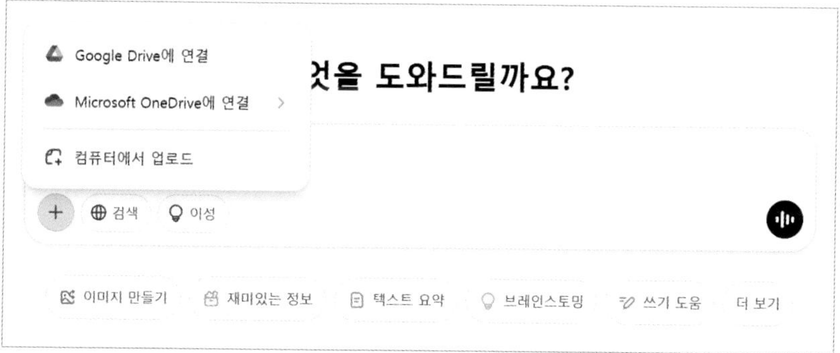

"컴퓨터에서 업로드"를 클릭하면 뜨는 팝업창에서 파일을 선택하면 파일이 업로드된다.

ChatGPT의 답변:
학생 보고서를 평가한 결과를 엑셀 파일로 생성했습니다. 아래 링크를 클릭하여 파일을 다운로드할 수 있습니다:
[학생 보고서 평가 결과 다운로드](sandbox:/mnt/data/학생 보고서 평가 결과.xlsx)

하지만 아래 링크가 클릭이 안 된다. 가끔 이런 경우가 있는데, 이럴 때 다음과 같이 추가로 요청하면 된다.

교사 질문:
"링크가 활성화 안 돼 있어."

ChatGPT의 답변:
아래 링크를 통해 파일을 다운로드할 수 있습니다. 브라우저에서 아래 링크를 클릭하거나 복사하여 주소창에 붙여 넣으세요.
학생 보고서 평가 결과 다운로드

이제 아래의 파란색 문장을 클릭하면 파일이 다운된다.

- 생성된 엑셀 파일

	B	C	D	E	F	G	H	I
1	번호	이름	탐색 및	비판적 분석	해결책 제시	구성 및 표현	총점	피드백
2	1	학생 1	10	10	5	4	29	사례를 매우 구체적으로 잘 설명하였습니다. 문제를 깊이 있게 분석하였
3	2	학생 2	8	10	5	4	27	사례 소개가 비교적 명확하지만 세부적인 자료가 부족합니다. 문제를 깊
4	3	학생 3	8	10	5	4	27	사례 소개가 비교적 명확하지만 세부적인 자료가 부족합니다. 문제를 깊
5	4	학생 4	8	10	5	4	27	사례 소개가 비교적 명확하지만 세부적인 자료가 부족합니다. 문제를 깊
6	5	학생 5	8	6	5	4	23	사례 소개가 비교적 명확하지만 세부적인 자료가 부족합니다. 문제 분석
7								

★ 현재의 챗GPT 수준에서는 생성된 파일의 완성도가 떨어질 수 있다. 똑같은 질문을 다시 하거나, 조금씩 질문을 바꾸거나, 추가적인 요청을 하는 것이 도움이 된다.

- 추가 질문을 하지 않고 질문을 다시 하는 법

기존에 입력한 프롬프트 창의 왼쪽(프롬프트가 여러 줄인 경우 왼쪽 상단)에 "✎" 모양 버튼(메시지 편집 버튼)이 있다. 해당 버튼을 클릭하면 프롬프트를 수정 가능하다.

프롬프트를 수정하고, "보내기" 버튼을 누르면 기존의 답변 내용이 사라지고 새 답변이 생성된다.

<부록>

미래를 꿈꾸는 OO중학교		
[학교마크]	가 정 통 신 문	OO부 담당 : OOO (☎ 555-5555)
OO중학교 http://OOO.kr/ ☎ 555-5555, fax 555-1234		

제 목	ChatGPT 활용 수업 진행 및 동의 안내

학부모님, 안녕하십니까?

항상 학생들의 학업과 성장에 깊은 관심과 성원을 보내 주셔서 감사드립니다.

이번 학기 OO 수업에서는 디지털 기술을 활용하여 창의적 사고와 문제 해결 능력을 기르는 학습 활동의 일환으로, OpenAI에서 제공하는 ChatGPT를 수업에 도입하고자 합니다.

◆ ChatGPT란 무엇인가요?

ChatGPT는 OpenAI가 개발한 인공지능 기반 대화 도구로, 학생들이 질문하거나 학습 주제를 탐구할 수 있는 유용한 도구입니다. 이를 통해 학생들은 디지털 리터러시와 비판적 사고 능력을 배양할 수 있습니다.

◆ ChatGPT 이용 시 유의 사항

- 연령 제한: OpenAI의 이용 약관에 따르면 ChatGPT는 만 13세 이상부터 사용이 가능하며, 만 18세 미만 사용자의 경우 부모 또는 법정 대리인의 허가가 필요합니다.
- 정보 이용: ChatGPT 사용 시 생성되는 데이터는 OpenAI의 서비스 제공 및 유지, 정책 집행을 위해 사용될 수 있습니다.
  * 수업 중 학생의 개인정보는 입력하지 않으며, 수업에 필요한 자료를 생성하기 위한 질문(요청)만 입력합니다.

◆ 안전한 사용 환경 제공

교사가 수업 중 ChatGPT의 사용을 지도하며, 학생들이 적절하고 안전하게 도구를 활용할 수 있도록 사전 교육합니다.

더 궁금한 점이 있으시면 담당자 번호로 연락주시기 바랍니다.

수업 중 자녀의 ChatGPT 활용에 동의하시면, 아래 동의 여부를 표시하시고 아래쪽에 서명 부탁드립니다.

위 내용에 대해 숙지하였으며 동의 여부를 표시합니다.

□ 동의합니다. (학생이 ChatGPT를 활용한 수업에 참여하는 것에 동의합니다.)

□ 동의하지 않습니다.

202 년 월 일

( )학년 ( )반 ( )번

학 생 성명 : (서명)

보호자(법정대리인) 성명 : (서명)

관 계 :

OO중학교장 귀하

도덕 사회 교사가 만든
도덕 사회 교사를 위한

2025년 2월 14일 1판 1쇄 인 쇄
2025년 2월 28일 1판 1쇄 발 행

지 은 이 : 정윤혁·김자윤·지선영·임수정·강가희 공저

펴 낸 이 : 박 정 태

펴 낸 곳 : **주식회사 광문각출판미디어**

10881
파주시 파주출판문화도시 광인사길 161
광문각 B/D 3층
등 록 : 2022. 9. 2 제2022-000102호
전 화(代): 031-955-8787
팩 스 : 031-955-3730
E - mail : kwangmk7@hanmail.net
홈페이지 : www.kwangmoonkag.co.kr

ISBN : 979-11-93205-48-8 03370

값 : 15,000원